親愛的孔子老師

U0061598

遊學吧 ②

爭氣秘笈

吳甘霖 著

大家好，我叫端木賜，在學堂大家都叫我子貢，我們的學堂叫杏壇。我的口才好，又善於從政和經商，是孔子弟子中的高材生。這是我的第一本孔子書，也希望成為你的第一本孔子書。讓我們一起來認識更親切可愛的孔子老師吧！

杏壇同學會

子貢

別名 端木賜，字子貢。
籍貫 衛國
性格 精明、利口巧辯，辦事通達。
專長 論辯、經商。
成就 曾任魯、衛兩國之相，曾經商於曹、魯兩國之間，為孔子弟子中首富。與陶朱公范蠡齊名的儒商始祖，為後世商界所推崇。孔子弟子中為孔子守喪最長者。

曾參

別名 字子輿，世稱「曾子」，有「宗聖」之稱。
籍貫 魯國
性格 認真勤奮、愚鈍固執、注重孝道。
成就 相傳《大學》為其所述，又作《孝經》，其學傳子思，子思傳孟子。

▶ 父子

▶ 曾點

別名 字皙
籍貫 魯國
性格 教子嚴格

子游

別名 言偃，字子游，亦稱言游，又稱叔氏。
籍貫 吳國
性格 胸襟寬廣
專長 文學、禮樂教化。
成就 對江南文化的繁榮發展有很大貢獻，被譽為「南方夫子」，尊稱「言子」。

子夏

別名 卜商，字子夏。
籍貫 晉國
性格 勤奮好學、才思敏捷。
專長 文學、詩。
成就 曾在魏國西河（今陝西渭南）創辦學堂並授業，開創「西河學派」。

▶ 子思

別名 孔伋，字子思，有「述聖」之稱。
籍貫 魯國
性格 坦率、善於思考、崇尚仁德。
成就 相傳《中庸》為其所述，後人把子思、孟子並稱為「思孟學派」。

▶ 冉求

別名 字子有，亦稱冉有。
籍貫 魯國
性格 勇武善戰、謹慎多慮。
專長 經濟理財、軍事。
成就 曾被任命為季氏家族總管。曾帶領魯國軍隊大敗齊師，立下戰功。

▶ 子路

別名 名仲由，字子路，或稱季路。
籍貫 魯國
性格 直爽、莽撞衝動、大膽、鑽牛角尖。
成就 侍奉孔子最久的弟子之一。曾任衛國蒲邑地方官。

▶ 顏回

別名 字子淵，又稱顏子、顏淵。
籍貫 魯國
性格 溫文爾雅、虛心好學、講誠信、有仁德。
成就 「孔門十哲」中德行科之一。被視作孔子最得意的弟子，位居孔門第一位。

▶ 父子

▶ 顏路

別名 顏無繇，一名由，字路。
籍貫 魯國
性格 愛子心切、自尊心強。

▶ **宰予**

別名 字子我，又名予我、宰我。
籍貫 魯國
性格 口才了得、思維敏捷，但不夠虛心受教。
專長 辭令、辯論。
成就 曾在齊國做官

▶ **宓子賤**

別名 宓不齊，字子賤。
籍貫 魯國
性格 有才智、仁民愛物、虛心向學。
成就 曾任單父地方官

▶ **巫馬期**

別名 巫馬施，字子旗，一作子期。
籍貫 陳國
性格 勤奮、事必躬親。
成就 曾任單父地方官

▶ **子羔**

別名 高柴，字子羔，一作子皋、子高、季高。
籍貫 衛國
性格 憨直忠厚、清廉公正、孝順。
成就 曾擔任魯國地方官、衛國獄吏，又為衛大夫孔悝家臣。

▶ **商瞿**

別名 字子木
籍貫 魯國
專長 《易經》
成就 得孔子傳授《易經》，對《易》學的傳承有很大貢獻。

閔子騫

別名 閔損，字子騫。
籍貫 魯國
性格 寡言穩重、極盡孝
　　　道。

有若

別名 字子有
籍貫 魯國
性格 重視禮樂與孝道、
　　　記憶力強。

南宮适

別名 一名韜，字子容，
　　　又稱南宮括、南容。
籍貫 魯國
性格 注重德行、言行謹慎。

孔蔑

別名 孔忠，字子蔑。
籍貫 魯國
成就 曾任魯國地方官

司馬牛

別名 一名犁，子姓，向
　　　氏，字子牛。
籍貫 宋國
性格 急躁、善言談。

子張

別名 顓孫師，字子張。
籍貫 陳國
性格 溫和莊重、凡事從
　　　容。

公西華

別名 公西赤，字子華。
籍貫 魯國
性格 謙恭有禮

樊遲

別名 樊須，字子遲。
籍貫 魯國
性格 天資不足，但認真
　　　學習，善於提問。

冉伯牛

別名 冉耕，字伯牛。
籍貫 魯國
性格 賢達

▶ 澹台子羽

別名 澹台滅明，字子羽。
籍貫 魯國
性格 不善於表達自己，
　　認真學習。
成就 曾在武城做子游的
　　幕僚

▶ 公良儒

別名 字子正，《史記》寫
　　成公良孺。
籍貫 陳國
性格 賢良、勇武、正直。
成就 孔子在蒲地遇困，公
　　良儒奮力保護孔子。

▶ 仲弓

別名 冉雍，字仲弓。
籍貫 魯國
性格 篤實敦厚、氣度寬
　　宏、深思熟慮，但
　　口才不好。
成就 曾任季孫氏的家臣

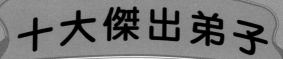

十大傑出弟子

德行科

顏回｜閔子騫｜冉伯牛｜仲弓

言語科

宰予｜子貢

政事科

冉求｜子路

文學科

子游｜子夏

目錄

001 第壹班

正能量有回報

第 壹 班

正能量有回報

誰都想取得輝煌的成就，誰都不想白白度過這一生，但是，不少人卻希望命運對自己有所偏愛，希望有貴人能幫自己一把，或者最好有一個大餡餅從天上掉到自己眼前。

　　然而，誰都無法為你的命運做主。要創造美好的人生，你必須時刻鞭策自己。

　　多年後的你，想必會非常感謝現在拼命努力的自己。

第一堂　老師話當年

每一個人都說，孔子老師是千年難得一見的聖人，但讓我們難以想像的是：他成功的起點，卻是來自年少時一次丟臉大事件……

「老師，您太厲害了！」

「老師，您真是活神仙！」

「老師，您就像泰山一樣，我們只是山下的小土丘！一輩子也不可能有您這樣大的成就！」

「老師，您……」

前不久發生的一件事，讓魯國上下對孔子老師的學識十分敬佩，更讓我們這些學生對老師佩服得五體投地。

當我從魯國的宰相府回到老師為我們上課的杏壇時，正巧看到同學一個個由衷地在對老師表示敬佩。

事情是這樣的：

這年十月，魯國發生蝗災。本來，蝗災並不足為奇，但這次在冬初發生，卻是前所未有的。

頭年秋季雨水適中，來年春天多雨後乾旱，令蝗蟲滋生，成蟲後吞噬一切可以吞噬的綠草，吃完一片飛向另一片，結果草地都變成一片片不毛之地。

一時間，謠言四起，有人說這是上天震怒了，要懲罰魯國人，更大的災害還在後頭，說不定會天塌地陷。頓時人心惶惶，世道也隨之變得混亂不堪。

在曲阜城中，幾個向來很老實的年輕人，竟然說世界末日到了，去商店把東西搶劫一空，將能吃的吃完後，更縱火焚燒，一個個喝得爛醉如泥。

距曲阜城不遠的尼山村，村民為了避免更大的災害，竟然挑選了一對童男童女，準備在幾天後進行祭奠大禮，奉獻給天神。

這樣的惡習，其實早些年老師在擔任中都的官員時就廢除了，但因為現在大家恐懼上天的「震怒」，於是那些本來反對這項惡習的人，也默許這種行為。

面對這樣的局面，魯哀公心亂如麻，整天愁眉苦臉，度日如年。為了表示對老百姓的支持，他準備在祭奠大禮之後，學習堯舜，舉行吃蝗蟲儀式。但真要這麼做的時候，他既怕吃蝗蟲時那噁心的味道，又怕自己德行不夠，反倒惹來天神更大的懲罰。

執政的宰相季康子也憂心忡忡，於是來請教老師：

為什麼冬季會發生蝗災，莫非這真的預示着巨大的災難？

老師沉思了一會兒，說：

我聽說每年十月間，心星西沉、天氣變寒、萬物蟄居時才開始進入冬季。現在心星還在，天氣還很暖和，蛇蠍昆蟲也很活躍，應該還在九月間。可能是掌管曆法的官員將日期算錯了，或許今年是閏九月。

之後，他請求季康子趕緊終止那些荒謬的舉止，尤其是尼山村的童男童女祭奠活動。

季康子半信半疑，馬上命令官員重新計算日期，發現果然算錯了，這一年確實是閏九月，九月裏發生蝗災，便不足為奇了。

這一消息在全國公佈後，人心漸漸穩定下來，幾天後，蝗災果然結束了，人民的生活也很快歸於平靜。

季康子賞賜了老師幾十匹布和十塊臘肉，我代表老師去領取。我一回來，就看到尼山村的村民帶着兩個之前準備祭奠的童男童女，在老師面前跪拜道謝。

他們一走，就出現了同學一致稱讚老師的那一幕。我也不由得向大家分享剛才見季康子時他對老師的誇獎：「你的老師，天文地理無所不知，真了不起啊！」

看到自己的學識能產生這樣的效果，老師也很高興。他笑瞇瞇地問我：「那你是怎麼回答的呢？」

我告訴老師，當時我頗得意地說：

或許是上天要讓老師成為聖人，所以才讓老師這樣多才多藝吧！

老師問我：

這是你的真心話嗎？

我不斷點頭：

百分之百是這樣想的！

但隨即我又糾正：

不對，應該百分之九十九是這樣想的！不過也有百分之一想為您造勢，借老天爺來抬舉您，讓這些沒什麼本領的官老爺更重視您！

大家一聽，哄堂大笑。老師也笑了，接着又問其他同學，是不是也

這樣認為。

同學們紛紛點頭，有人甚至小聲地說：「那是當然，老師那樣的天分十萬個人中也找不出一個啊！」

老師想了想，說：「這樣吧，今天帶你們到另一個地方上課！」

老師上課從來不拘一格，包括上課的地方。一聽說要到別的地方去上課，年輕的同學都忍不住興奮起來。

跟着老師穿過大街小巷，最後我們來到一所大宅前。抬頭一看，這不是宰相府嗎？

不過我們並沒有進去。老師把我們帶到了不遠處的大樹下，開設了一個「戶外課堂」。

坐下來後，老師說要給我們講一個故事。

在宰相府前講的故事，肯定不一般。

季孫氏三代均為宰相，一直住在這個宰相府。幾十年前，季孫氏就在這裏舉辦過一次專門招待士一級貴族的宴會。

士是貴族的最低等級，但其中有很多受過一定教育並學有所長的優秀人才。季孫氏宴士，一方面是為了爭取更大的支持，一方面也是為了從中物色人才。

赴宴的士中，有一個十六七歲的年輕人，他的父親原是武士，後來又做過陬邑的長官，在士中有一定的名聲和影響，但令人感到遺憾的是，年輕人的父親剛剛去世了。

按規定，這個年輕人是有資格參加這個宴會的，何況年輕人在母親的教育下，早已熟悉各種禮儀，應付這種場合毫無問題。

誰知年輕人剛到門口，就被季孫氏的家臣喝住了：「你來幹什麼？」

年輕人一愣，說：「我是來赴宴的。」

家臣輕蔑地掃了他一眼，說：「我們宴請的是士，你是什麼東西，竟然敢跑來充數。別擋客人的路，快滾遠一點吧！」

講到這裏，老師的聲音突然有些哽咽，眼中竟閃着淚花，我不覺猛然一驚：老師講的這個年輕人，莫非就是他自己？

這時只聽到老師說：

 想必你們已經猜出來了，那個被趕出來的年輕人，就是我。

儘管跟隨老師多年，但對老師青少年時期的經歷，我了解得並不多，老師也很少提及。我們都沒想到，這麼受人尊敬的老師，年輕時竟然有過這樣的遭遇。

「那，後來呢……」一位年輕的同學忍不住低聲地問了一句。

老師苦笑，說：

 我還能怎樣呢？只能強忍着內心的羞辱，悻悻地回家，然後抱着母親大哭一場。

可想而知老師當時的心情，不要說老師，任何人遇到這種事情，都會備受打擊。

但哭有什麼用呢？哭過之後，我明白了一個道理：與其怨恨別人的勢利，不如自己發憤。若想被人看得起，就必須有讓人看得起的本事。

從此以後，老師便開始發憤學習，尤其積極學習各種禮儀。當時曲阜城內經常舉行禮儀活動，普通人也可參加，老師便經常前去觀摩。

老師甚至在喪葬嫁娶活動上做吹鼓手。就是在這些「不體面」、被人看不起的工作中，老師漸漸掌握了各種具體的禮儀知識。慢慢地，老師成了曲阜城內小有名氣的懂禮之人。

再後來，老師又做過管理倉庫和牛羊的小吏。這些都是士瞧不起的工作，但老師都認認真真地去做。

有人笑他：「做這樣的小事，有什麼意義啊！」

但老師卻說：

再小的事也要做好。做好了，自己就有本事了。一旦做好了，更大的機會就會來了。

不僅如此，只要有機會，老師都會盡全力學習。

有一次太廟舉行祭祖典禮，他不斷地請教別人，差不多每件事的每個細節都問到了。

別人看到老師這麼認真，在背後嘲笑他，說他不是早就學過禮嗎，現在為何什麼都要問，看來其實是不懂禮啊！

這些話傳到老師耳邊，他一點也不生氣，只是說：

對於不懂的事，就應該主動問個明白，這正是增長學問的好機會啊！

老師的故事令大家非常震撼。想不到名滿天下、備受尊敬的老師，其成長的經歷也如此坎坷，起點是如此低！

現在，你們還認為我有這樣的學問，是因為上天要讓我成為所謂的「聖人」嗎？

這時候，我們才明白老師帶我們到宰相府門口上課的真正原因。

顏回立即回答：

老師是天才級的人物，但天才並不是天生之才，而是自己努力的結果！

我也脫口而出：

與其抱怨傷心，不如自強爭氣！

老師點了點頭，微笑着說：

不錯，能有這樣的感悟，也算是十分用心了。這世上其實沒有什麼「天才」，而所謂的「天才」，不過是自己努力的結果，這才是根本。

「同時，我也希望大家都好好記住子貢的話：別人不承認自己，生氣是沒有用的，不如挺直腰背，做出成績讓別人看看。所以，請記住：不患人之不己知，患其不能也！——大家不要憂慮別人不知道自己，而要擔心自己沒有本事呀！」

聽了老師的話，顏回很有感觸地說：

還有老師平時強調的：「君子求諸己，小人求諸人。」——只要我們事事像君子一樣嚴格要求自己，不像小人那樣事事要求別人，那我們就能找到不斷奮進向上的力量啊！

此時，空中傳來一陣陣鳴叫，抬頭一看，原來是一羣叫不出名字的鳥兒，時而排成長長的一字長蛇陣，時而排成「人」字形，時而往上飛，時而往下俯衝，時而折返，時而又隱入藍天之中……

大家都看得呆了。一個小師弟忍不住讚歎：

「多麼自由自在啊！如果我是一隻鳥該有多好！」

大家哄然大笑。我在大笑的同時，卻不由得將老師的經歷與眼前的景象聯繫起來。我突然明白，每個人都想領略在高空中翱翔的幸福，但誰也不可能代替自己飛翔，除非自己長出翅膀……

1. 孔子洞悉蝗災成因的故事，見於《孔子家語·辯物第十六》。2. 孔子年輕時被看不起的故事，見於《史記·孔子世家》。3. 孔子入太廟問禮的故事，見於《論語·八佾第三》。

孔子智慧錦囊

　　孔子的弟子敬佩老師的景象，是否讓你想起當今的粉絲對偶像的「追星故事」？

　　孔子與弟子的故事，其實是演繹了一個兩千年前的追星場景。

　　孔子的成功，讓我們想起今日的追星現象：我們崇拜各種歌星、影星，我們不僅喜歡他們，敬佩他們，而且覺得他們和我們相隔太遠，遙不可及。

　　但是，就像孔子一樣，明星都是從低做起的。他們之所以成為「星」，全因有着非同一般的追求與進取精神。他們既不像一些人那樣缺乏追求、不願付出努力，更不像一些人遇到一點困難和挑戰時就說：「我不行」。

　　那麼，我們從這些明星身上能學到什麼呢？

　　追星當然可以，但追星不應只追他們的光環，而應該追尋他們之所以成為「星」的精神！

　　如果你也想成功，請好好問自己幾個問題：

　　第一，你對自己的人生有期望嗎？

　　第二，遭遇挫敗，你能不抱怨而在挫敗中奮進嗎？

　　第三，你能腳踏實地做好每件事嗎？

　　第四，對不懂的知識，你能抱着如飢似渴的態度虛心學習嗎？

　　如果你能認真回答這些問題，並付諸行動，你就不會只是生活在「星星」的陰影中，而是讓自己也能發出「星星」的光芒。

1. 我的學校 ☐有 ☐沒有 把學生分為「精英班」和「普通班」。

如果我不獲派入「精英班」，我的挫折指數：

| 0%　　　　　　　　　　　　　　　100% |

不過不要緊，因為我可以：

_____

2. 我在傳媒報道中看到_____被譽為「神童」、「天才」。

我覺得他／她的過人才華是 ☐天生的 ☐後天培養的，因為：

_____

子曰：「不患人之不己知，患其不能也。」

《論語·憲問第十四》）

子曰：「君子求諸己，小人求諸人。」

（《論語·衛靈公第十五》）

晏子出招

身材矮小，其貌不揚的晏子，最終成為一代名相。

晏子的車夫一表人才，以能為晏子趕車為榮，卻被妻子痛罵一頓，最後發憤，也成了有作為的人。

孔子老師用這個故事，告訴我們如何學會自我激勵、自我奮進……

這是秋高氣爽的一天。我的心情本來也如萬里晴空般爽朗，但是見過我景仰已久的「大人物」晏子後，卻開始變得糾結難受。

晏子以齊國宰相的身份訪問魯國，老師安排我去參與接待，並命我好好觀摩他有什麼值得我們學習的地方。

接待的時間很短，沒多久我就回來了。老師問我對他的印象如何，我不屑地說：「大失所望。原先我很欽佩他，但現在看來，他可能連基本的禮儀都不懂。」

眾所周知，老師對「禮」是格外重視的，這並不是小事。果然，老

師很關心地問：「怎麼回事？」

「老師，您也知道，按照周禮規定：在大堂上不可快速奔跑，接受別人授玉時不能下跪。但晏子呢，又跑又跪，所以說他不懂得禮！外交無小事。這樣不懂禮的人，怎能折服他人？而且他身為一國宰相，禮更是治國最重要的制度之一，他怎能這樣疏忽呢？看來真是浪得虛名啊！」

老師眉頭一皺，微微點頭，說：「你講得有道理。不過我們先不要下結論，有機會我再問問他。」

晏子見過魯君，就來拜訪老師。二人互相問候之後，老師便和他開始交流「禮」的問題。老師看似不經意地問：「周禮要求：堂上不趨，授玉不跪，但今天您卻是反着來做。請問您為何要這樣呢？」

晏子笑了笑，說：「一般來說，的確應該這樣，但我這次的情況不一樣。我作為齊國大臣出訪，但接待我的，卻是你們魯國的國君。所謂君臣有別。今天在堂上，你們國君來得很快，我能不快步走上前嗎？他不是將玉授給我們齊國的國君，而是授給身為齊國大臣的我，所以我要跪着接受啊！我聽說：原則問題不要違反，細節有時卻可變通，夫子您說對嗎？」

聽了晏子的話，老師若有所思地點了點頭。

沒一會兒，晏子告辭了。老師轉過頭來問我：

你現在還覺得晏子是浪得虛名嗎？

我不好意思地搖了搖頭。

老師說：

守禮，關鍵是要掌握精髓，而不是死守條文。晏子今天的做法，就是把握了禮的精髓啊！

老師接着說：「晏子在齊國擔任宰相，不僅治國有方，而且作為外交使節也有許多過人之處。大家都知道他不久前出使楚國的故事吧？」

有的同學點頭，有的卻一臉茫然。

老師說：「你們埋頭讀書，對其他國家發生的事情沒有留心，也可理解。子貢你見多識廣，你講給大家聽吧！」

關於晏子出使楚國的故事，沒有人比我更熟悉了，因為這是我不久前去楚國時，楚國的大臣親口對我說的。

齊王派晏子出訪楚國。楚王仗着自己國勢強盛，想趁機侮辱晏子，顯顯楚國的威風。

晏子相貌醜陋，更糟糕的是身材矮小，用當今潮語來說，形同一個「哈比人」。楚王知道這一情況，就特意叫人在城門旁邊開了一個五尺餘高的洞。晏子來到楚國，楚王命人把城門關了，讓晏子從這個洞進來。

晏子看了看，說：「這是個狗洞，不是城門。只有訪問『狗國』，才從狗洞進去。我在這裏等一會兒，你們先去問個明白，楚國到底是個什麼樣的國家？」

楚王聽了，只好吩咐打開城門，迎接晏子。

晏子見到楚王後，楚王瞅了晏子一眼，冷笑一聲說：「難道齊國沒有

人嗎？」晏子嚴肅地回答：「這是什麼話？我國首都臨淄住滿了人。大夥兒把袖子舉起來，就是一片雲；大夥兒揮一把汗，就是一陣雨；街上的行人肩膀擦着肩膀，腳尖碰着腳跟。大王怎麼說齊國沒有人呢？」

楚王說：「既然有這麼多人，為什麼打發你來呢？」晏子裝作很為難的樣子，說：「您這一問，我實在不好回答。撒謊吧，怕犯了欺騙大王的罪；說實話吧，又怕大王生氣。」楚王說：「實話實說，我不生氣。」晏子拱了拱手，說：「敝國有個規矩：訪問上等的國家，就派上等人去；訪問下等的國家，就派下等人去。我最不中用，所以被派到這兒來了。」說着他故意笑了笑，楚王尷尬得什麼話也說不出來，只好賠笑。

接着，楚王安排酒席招待晏子。正當他們吃得高興的時候，有兩個武士押着一個囚犯從堂下走過。楚王看見了便問他們：「那個囚犯犯了什麼罪？他是哪裏人？」武士回答說：「犯了盜竊罪，是齊國人。」楚王笑嘻嘻地對晏子說：「齊國人怎麼這樣沒出息，幹這種事？」楚國的大臣聽了，都趾高氣揚地笑起來，以為這下可令晏子丟盡臉。誰知晏子面不改色，站起來說：「大王難道不知道嗎？淮南的柑橘又大又甜，但這種橘樹一種到淮北來，就只能結出又小又苦的枳，因為水土不同。同樣的道理，齊國人在齊國安居樂業，辛勤勞作，一到楚國就做了盜賊，也許是兩國的水土不同吧！」楚王聽了，只好賠不是，說：「我原來想取笑大夫，沒想到反讓大夫取笑了。」

從此以後，楚王再也不敢不尊重晏子了。

這個「小矮人征服大楚王」的故事，我講得聲情並茂，大家愈聽愈有精神。

和以往一樣，我忍不住要賣弄一下，問問同學：「你們認為這個故事

精彩嗎？」

　　大家紛紛鼓掌，一個小師弟還稱讚道：「太精彩了！不僅晏子的做法很出色，你講得也很精彩！說不定，你講述的這個『晏子使楚』的故事，將來還會記錄到書中，流傳千年呢！」

　　當我還沉浸在講故事的快意之中時，老師已經開始提問了：

你們說說，從長相來看，晏子的形象威風嗎？

　　一聽這話，當即就有人忍不住「噗哧」一聲笑出來──「威風」這個詞，假如用到晏子身上，那真是太搞笑了。

那麼，他代表齊國，在刻意侮辱自己的楚王面前，表現得自信和威風嗎？

　　這下子沒有人笑了。

　　「我想問在座的同學，如果君王派你出使楚國，遇到同樣的刁難，你能做到像晏子一樣嗎？我還想特別問子貢，你能做到嗎？」

　　大家紛紛搖頭。我想了一想，說：「大體上我會做到不辱使命，但絕對不會像晏子這樣出色和精彩。」

　　老師接着引導我們說：「那麼，請大家討論一下，晏子的故事帶給我們什麼啟迪呢？」

南宮适說：

一個人對社會的貢獻，可能和他的個子沒有太大關係。這世界上既有頂天立地的矮個子，也有無能甚至猥瑣的高個子！

樊遲則說：

我常常感到自卑，有時為自己的家庭條件，有時為自己的外表，但看到晏子能這樣做，我覺得很震撼，就算條件再差，也能頂天立地啊！

　　顏回說：「晏子以宰相的身份輔佐三代君王，老百姓也常誇讚他治國有方。這樣的人，誰不敬佩呢！我沒有和晏子交流過，無法探究他怎樣做到這些成績，但我可以斷定，如果他甘於平庸，或者不願努力，他肯定難有這番成就。在他身上，我們能看到類似老師的精神：不論自己原來的條件如何，只要對人生有要求，努力不懈，就能創造出奇跡！」

　　接着老師又問大家：「你們也想像晏子一樣有一番作為嗎？」

　　大家紛紛點頭。

　　「那好，我給大家講一個向晏子學習、不斷激勵自己而改變命運的榜樣。那就是晏子的車夫。」

什麼？晏子的車夫因為學習晏子而改變命運？大家十分好奇，紛紛洗耳恭聽。

老師便開始講述他多年前在齊國國君處聽到的故事：

一次，晏子車夫的妻子從門縫裏偷偷看到，丈夫在替晏子駕車時，揚鞭策馬，神采飛揚，顯得洋洋得意。晚上車夫回到家，他的妻子就提出要離開他。也就是說，她要把丈夫「休」了。

車夫一聽很吃驚，忙問妻子為什麼。

妻子說：晏子身高不滿六尺，但身為相國，聲名顯赫。今天，我看他外出，志向深遠，保持着甘為人下的樣子。可是你呢？身高八尺，僅僅是個駕車的僕人，只因為能為晏子駕車便顯得異常神氣。我真為你感到羞恥，所以要離開你。」

妻子的話令車夫十分羞愧。

是啊，晏子靠一己之力成為相國，而且沒有一點架子，還不斷修煉自己的身心，讓自己更加優秀。

反觀自己，跟晏子站在一起，比他高出幾乎兩個頭，但不過是個車夫。更糟糕的是，自己顯得比相國還要趾高氣揚。這樣的行為，非但會被妻子看不起，也會被其他人看不起，自己更應該看不起自己啊！

於是從那時開始，他就下定決心以晏子為榜樣，不僅努力學習，令自己的能力和學問不斷提高，而且處處顯得謙遜有禮。

車夫的變化，晏子很快就注意到了。他感到很奇怪，一問之下，才知道事情的原委。後來，他發現車夫的人品和才能愈來愈出眾，便舉薦他做官員。

講完故事，老師讓大家談自己的感受。同學紛紛發言：

「人活着，關鍵是要讓心靈醒覺。如果不醒覺，就會渾渾噩噩，走一步算一步。車夫要感謝他的妻子當頭棒喝，他才能因為醒覺而發憤。」

「人人都可為堯舜。只要自強不息，即使是最不起眼的車夫，也能出人頭地，比車夫條件更好的我們，有什麼資格不更加努力呢？」

這時仲弓師弟說：

老師講的故事對我太有用了，原來我一直希望得到別人的賞識和理解，但往往得不到，現在我明白了，要先從自己身上找原因——人這一生是否有作為，關鍵靠自己。

老師讚許地點了點頭：

不錯，我要告訴大家的是：「不患無位，患所以立。」——不怕別人不給你職位，就怕自己沒有擔當這個職位的能力啊！

我也深深地感慨：

身體殘疾不可怕，怕的是「心殘」；身材矮小也不可怕，怕的是自己心靈上也是侏儒。

輝煌的人生，往往就是自我激勵而來。任何人只要能對自己的命運

負責，不斷自我激勵、自強自立，就能超越命運，甚至把自己激勵成為「巨人」！

晏子使魯、使楚，以及馬夫的故事，均見於《晏子春秋》。

孔子智慧錦囊

人最可怕的事情之一，是有一顆沉睡的心。若不想辜負自己的一生，就須在渾渾噩噩中驚醒，學會自我激勵。

無論是孔子、晏子或者晏子的車夫，其實都是讓自己的心靈甦醒，學會自我激勵的人。「人人皆可為堯舜」重點是「可為」，而不是一定「為」。關鍵在於你是否對自己有要求，能否自我激勵並不斷努力。

自我激勵是情商（EQ）的關鍵體現。美國心理學家戈爾曼在其名著《情商》中指出：人的成功百分之二十與智商有關，百分之八十與情商有關。「情商」包括多種能力，而排在第一位的，就是自我激勵。這是一種不必他人逼迫，就能自我激發、自我追求的能力。

這世界沒有天生的信心，只有不停造就的信心。請你不斷給自己正能量，以造就愈來愈強大的信心吧！

手造備忘錄

1. 我曾經歷過這件事，令我感到自卑：

   _____

   如果可以變成別人，我希望變成像_____
   一樣的人。

2. 在上面這件事中，我可以這樣激勵自己——
   這件事我做得很好：

   _____

   _____

   我對自己的滿意指數：

   0%   100%

子曰：「不患無位，患所以立；
不患莫己知，求為可知也。」
（《論語・里仁第四》）

第三堂

幸運與不幸

老師的侄兒孔蔑與老師的弟子宓子賤幾乎同時為官。但面對同樣的問題，他們卻有完全不同的心態，當然也有不同的效果。

這一瞬間的感覺真奇怪！

一般來說，家裏有人擔任官員，全家都會開心。但當我們和孔蔑交流時，不僅他本人表現得不那麼開心，他母親也顯得有點憂心忡忡。

孔蔑是老師的侄兒，以前也在我們班上短暫地讀過書。後來，魯國國君從我們學校挑選了幾個人去做官，他是其中一個。到現在，他上任已經一年了。

這天晚上，我們剛和老師吃完飯，在杏壇散步，就有人來通報孔蔑回家探親的消息。老師很高興，讓我和他一起去孔蔑家看看。

孔蔑家離杏壇不遠，一會兒就到了。一見孔蔑，我發現他變黑變瘦了，我想可能是政務繁忙所致吧。

孔蔑的母親熱情地招待我們喝茶。大家閒聊了一會兒，老師便很關切地問孔蔑：

自從你做官以來，有什麼體會呢？

「體會好多啊，真不知道從哪裏說起呢……」

「那你就總結一下，做官以後，你得到了什麼？失去的又是什麼？」

聽了老師的問題，孔蔑忍不住長歎一聲說：

老師，說實話，自從我做官以來，沒有得到什麼，反而失去了一些重要的東西。

怎麼可能呢？對老師的學生而言，做官，不只是改變個人命運，更多的是想找到一個舞台，去實現治國安邦的理想。怎麼可能沒有得到什麼呢？

老師沒有說什麼，只是鼓勵他把心裏話說出來。

孔蔑說：「自從當官以後，我失去了三樣很珍貴的東西：第一，政務繁重，沒有時間學習研究，因此學問不得明達。第二，雖然我升了職，但開支也大了，總覺得俸祿不夠用；而且由於生活不富裕，對很多親戚照顧不周，以致與一些親戚更加疏遠了；第三，公事過於繁忙，與朋友難得相聚，即使他們家裏有人生病甚至去世，我也難以問候，所以朋友

們也和我愈來愈生疏了。」

接着，他說了這樣一句：「都說做官好，但以我的體驗，做官沒有什麼好，還不如在杏壇和大家共同研究學習更加瀟灑自在！實在不行，我就辭官算了。」

我們本來希望聽聽他新官上任的好體會，沒想到卻是這樣。大家都有些鬱悶，氣氛也變得沉悶起來。

老師沒有妄下結論，只是微微點了點頭，問孔蔑的母親：「您怎麼認為？」

他的母親回答說：「我是一個婦道人家，講不出什麼道理。但我看到的是，他太累了。一年來，不僅黑了，而且還瘦了一大圈。作為母親，我只希望他更加健康開心。如果既不健康也不快樂，那還是最好去做別的工作吧！」

老師正要說什麼，突然有同學過來告訴我們：宓子賤也回來了，此刻正在杏壇和同學聚會。問老師是回去見他，還是讓他過來見老師。

宓子賤正是和孔蔑同時為官的幾個同學之一。老師一聽，便說：「孔蔑，正好我們一起去找宓子賤聊聊吧！」

還沒有進杏壇的大門，我們就聽見一陣陣笑聲從裏面傳來，其中笑得最響亮的就是宓子賤。宓子賤不僅學習刻苦，做事認真，更難得的是性格也好，很容易和大家混熟。有他在的時候，往往也是大家笑聲最多的時候。

見到老師，宓子賤立即跪拜行禮。之後就站在一旁，恭敬地準備聽老師的「訓示」。

但老師卻沒有任何「訓示」，而是問他同樣的問題：

自從你做官以來，得到的是什麼？失去的是
什麼？

宓子賤滿臉笑容地說：

自從我做官以來，沒有失去什麼，反而有很多的
收穫。

「哦，那你好好說說看。」

「第一件大的收穫是當初所讀的書，現在得以實踐，不僅能產生實際
的效果，而且激發我進一步求知的動力。書到用時方恨少，我發現這樣
去做學問，既容易得到真知，又容易得到新知，真是太棒了！」

聽他這樣說，大家立即發出歡呼聲，並為他鼓掌。

我偷偷看了一眼孔蔑，發現他臉有點紅，但同時兩眼放光，看來他
也已被宓子賤的話深深吸引住了。

我們期望宓子賤講更多的收穫，這時孔蔑卻主動問了：

你上任後，俸祿夠用嗎？都能照顧到親戚嗎？

宓子賤說:「俸祿雖然談不上多，但比以前的生活好多了。我自己家的生活能過去就可以了，此外還能省出一點錢來，多少能顧及親戚。親戚也知道我是從自己有限的俸祿中拿出一部分來給他們的，所以很理解我，也很感謝我。錢多錢少是其次的問題，關鍵是體現自己的一片心意嘛，人心是肉做的，親戚對我更加親近了。這應該是第二件收穫吧！」

這時孔蔑忍不住乾脆問下一個問題了：

你的公事忙嗎？假如你的朋友有病或者家裏有人去世，你有時間去看嗎？

宓子賤笑了笑說：「擔任一方的長官，哪能不忙呢？尤其你想為老百姓多做一點事情的時候，天天都有忙不完的事情。但即使再忙，也不能忽視以往的朋友啊。我的做法是，白天公務繁忙，我就晚上去探望病人、弔唁死者。我去看他們，時間不會太長，也很少參加他們的宴席等活動。看完了，表達了自己的情感，就立即離開了。朋友並不因此責怪我，反倒因為我能在百忙之中去看望他們而感到很有面子，心裏很溫暖。因此，朋友對我更加親近。這應該是第三件收穫吧！」

說完之後，宓子賤又熱情地問孔蔑：

你還有別的問題嗎？

要問的問題很多，但你對這幾個問題的回答，已經讓我覺得足夠了。

看到宓子賤有些不解的表情，我趕緊告訴他，孔蔑遇到同樣的情況，但孔蔑的感覺，正好和他完全相反。

這時，孔蔑由衷地說：「在見你之前，我常在抱怨條件不好，工作太忙，俸祿也不多。但看到你看待和處理問題的方法，我才明白：儘管我們的條件、環境一樣，感受卻完全不同，說明我要調整的不是環境，而是自己的心境啊！」

老師笑着問：

那你還想辭官嗎？

不，我要在現有的崗位上做出更好的成績，同時也要活得像宓子賤這樣快樂！

這使我不由得感慨：孔蔑與宓子賤面對的環境可能一樣，但心境卻如此不同。而不同的心境，感受到的世界也不一樣，擁有的快樂和作為

也不一樣。

我突然明白了，環境固然重要，但心境更重要！

孔蔑與宓子賤心態不同的故事，見於《孔子家語·子路初見第十九》。

孔子智慧錦囊

也許大家都聽過一個寓言：一位婆婆每天都愁眉不展，悶悶不樂。有人問她：您為何每天都憂愁？她回答：我有兩個兒子，一個賣雨傘，一個賣鹽。晴天我為賣雨傘的兒子擔憂，怕他的雨傘賣不出；雨天又為賣鹽的兒子擔憂，怕他的鹽因受潮賣不出。那人說：您為何不反過來思考：晴天時賣鹽的兒子貨物無憂；雨天時賣雨傘的兒子生意不愁，那樣您就能天天快樂了！

有積極心態的人，總是能發現和利用環境中的積極條件，帶着快樂和感恩的心情去生活，勇敢前行，戰勝困難，把事做成。

而有消極心態的人，卻習慣去找環境中令自己不如意的地方，不斷抱怨指責，並找盡理由，將能做好的事情看成「不可能」。

宓子賤與孔蔑面對同樣問題卻有不同態度，就是積極心態與消極心態的區別。中國傳統文化中有句很有意思的話：「境由心造，運隨心轉」，正是講述積極心態的重要。

「背對太陽，陰影一片；迎着太陽，霞光萬丈。」所以，請隨時擁有和保持一種積極的心態吧！

1. 生活中這些事都令我感恩：

① _____

② _____

③ _____

2. 我認為做義工是 ☐浪費時間 ☐貢獻社會的事。

因為：

_____

3.

最常在我腦海中出現的負面想法	轉為正向的想法
① _____	① _____
② _____	② _____
③ _____	③ _____

杏壇學生守則一

1. 這世上沒人能讓你飛翔，除非你長出翅膀
2. 把自己激勵為「巨人」
3. 環境重要，心境更重要

第　貳　班

逆境木人巷

周遊列國的十四年，是動盪漂泊的十四年，我們經歷了人世間的種種磨難：失望、屈辱、困苦、逃亡⋯⋯

　　然而，無論遭遇怎樣的逆境，孔子老師總是微笑面對。他的言行告訴我們：即使我們改變不了漂泊和痛苦的命運，我們卻能學會心靈的安然⋯⋯

　　逆境能磨勵人心。也許過了很長時間，世界上的一切照樣，困難和問題照舊，但你會發現，這些曾經給你壓力和讓你痛苦的一切，你對它們已經無所畏懼。

　　其實，生活也許並沒有變得輕鬆，也許很難變得輕鬆。你之所以感到輕鬆，其實是你在一點一點變得堅強了。

第一堂 逃亡的開始

在最受重用並取得最輝煌成就的時刻，老師被人算計，無法在魯國繼續施展抱負。

他可以在現有的崗位上應付着差事，可以一邊工作一邊抱怨，也可以就此退休，過輕鬆悠閒的生活。但是他選擇了一條去其他地方尋找理想舞台的道路。

這時他已經是快六十歲的老人了，難道他沒有想過擺在面前的困難和危險嗎？

老師是個很注意作息的人，從來不會在三更之後才睡覺。

但是，今天已經四更了，他還沒有休息。

不僅他，顏回、子路、冉求等同學，當然還有我，儘管都已經很睏很累，但誰都沒有合上眼睛睡一會兒。

這注定是個不眠之夜。因為，這是一個牽涉到老師，也牽涉到我們很多學生命運的重大決定，要反復討論，承受很大的痛苦才能做到。

直到東方泛白，雄雞在外面宣告黎明來臨，這一決定最終由老師宣佈了：

走，離開魯國，到真正能實現我們抱負的地方去！

作出這一決定十分艱難，但這又是不得不作的決定。

夾谷之會，老師讓齊國不得不退還原來侵佔的魯國土地，這使老師贏得了空前的威望（詳見《活學秘笈》第貳班）。魯定公十四年，老師更受重用，以司法部長的職位行宰相之責。僅僅三個月，全國風氣就起了翻天覆地的變化：

販羊賣豬的商人不敢哄抬價錢；

路上看到別人掉落的東西也不敢撿去據為己有；

晚上睡覺，不必關上房門；

四方旅客來到魯國，不必請求官吏，大家都給予他們親切的照顧；

⋯⋯

那是魯國歷史上最繁華、最文明的時期之一，也是老師最意氣風發的時期。同學更是摩拳擦掌，一個個都想盡快實踐老師的治國安邦之道。

但是，我們都沒有料到，一個針對老師的陰謀，正在齊國形成。

這一天，老師上朝回來，滿臉愁雲。

第二天，老師上朝回來，仍是滿臉愁雲。

第三天同樣如此。

到底發生什麼事了？

我們都很想問老師，但是老師什麼都沒有說，只是獨自走進內室，彈起琴來。

老師的琴聲，時而憂鬱，時而激昂，時而像一隻受傷的老虎在低吟，時而像一隻不屈的雄鷹在搏擊長空……

顯然，老師遇到棘手的問題了。但老師既然不願說，我們也只好暫且不問。

第四天，老師照常上朝，沒想到不到一個時辰就回來了。

一進屋裏，老師就頹然地往椅子上一躺，說：

唉，魯國看來是要完了！

事情是這樣的：

自從老師擔任司法部長以來，魯定公一直勤於政務，對老師也是言聽計從。

可是從四天前開始，魯定公就一直沒有上朝！

有人說是魯定公病了。這讓老師很擔心，於是立即前去探望，卻被侍衛擋住了，說國君只是偶染小恙，並無大礙，休息一下就好了。

這讓老師感到奇怪，因為前一天魯定公還談笑風生，怎麼說病就病了，還不讓人探望？

直到第三天，魯定公仍然沒有上朝。

這讓老師焦慮萬分，甚至懷疑魯定公被人軟禁了，於是想盡一切辦

法去打聽，結果卻讓他大吃一驚！

魯定公沒來上朝，既不是生病，也不是被人軟禁，而是沉迷於美色之中！

而送來這些美女的，正是在夾谷之會中丟盡臉面的齊國君臣。

第四天，一臉倦容的魯定公終於上朝了。

不知內情的眾臣紛紛向國君請安，而老師的心情卻十分矛盾。他知道身為臣子不應掃君主的臉面，但又不能眼巴巴看着國君往陷阱中愈陷愈深，猶豫再三，老師最終開口：

國家剛開始強大，是最需要勵精圖治的時候，萬萬不可中齊國的計，沉迷美色，荒廢國事。

魯定公一愣，知道無法掩飾，本來堆滿笑容的臉立即沉了下來。

一向善於見風使舵的宰相季桓子一見，連忙說：「孔部長啊，您未免太小題大做了。國君為了國家百姓，不辭勞苦，偶爾享受一下，又算得了什麼！」

老師還想多說什麼，魯定公卻不耐煩地說：「寡人身體還有些不適，退朝吧！」

就這樣沒說上幾句話，大家就不歡而散。

原來是這樣，怪不得老師會如此憂慮。

之後，老師又向魯定公提了幾次，但國君根本聽不進去，依舊沉迷於酒色之中。

我們都覺得很奇怪，齊強魯弱，而且魯國剛剛在夾谷之會中出奇制勝，讓齊國君臣顏面盡失，照說他們應該對魯國敬而遠之才對，為什麼偏偏會在這個時候向魯國「示好」，送上大批美女呢？

於是我便開始四處打探消息，這才知道，這竟是齊國針對老師的一個大陰謀。

原來，齊國君臣對老師在魯國施政的情況分外關注。當老師將魯國治理得愈來愈好的消息傳到齊景公耳中，他十分擔憂，甚至徹夜難眠。

在他看來，老師如果繼續主政，那麼魯國必會強大稱霸，這樣一來，第一個受威脅的必然是緊挨着魯國的齊國。

於是齊國的大臣紛紛獻計，有的建議向老師學習，修明政治，強化管理；有的建議與魯國搞好關係……

但這些建議顯然都不符合齊景公的心意，一向看不起魯國、自恃高大的齊景公怎麼可能虛心向老師學習，和魯國搞好關係？

這時，在一旁察言觀色了很久的大夫黎彌開口了：「主公，臣認為最好的辦法，莫過於破壞魯國的改革圖強。」

齊景公一聽，立即精神一振，連忙問：「快說，你有什麼好主意？」

「很簡單，將孔丘從司法部長的位子上拉下來。」

「好倒是好，但……」

齊景公想了想，面露難色：「魯國起用孔丘取得了如此成效，他現在的地位如日中天，要讓他下台談何容易？」

「這點主公不用擔心，只需用『美人計』就可以了。」

「什麼？『美人計』？『美人計』對孔丘這樣的人也會有用嗎？」

黎彌走上前去，在齊景公耳邊如此這般說了一通。齊景公一聽，立

即眉開眼笑，連連稱妙，吩咐黎彌趕緊依計辦理。

十幾天後，黎彌組織了一百多匹裝飾華麗的駿馬，載着八十名花枝招展的美女，在一個齊國使節的帶領下，到達了魯國都城的南門外。

魯國是個講究禮節的國家，加上老師正在擔任司法部長，使節不敢直接將美女送進城，於是先向掌握實權的季桓子送上書信，給他甜頭，之後又讓他偷偷將這一消息告知魯定公。

魯定公早就聽說齊國的女子貌美如花，這次聽說齊國一次就送來八十名美女，不由得心花怒放。

儘管明眼人都看出這裏面有問題，可魯定公已經被美女弄昏了頭，哪裏還辨得出是非。

他喜滋滋地將美女接進後宮，從此天天沉浸在溫柔鄉中，飲酒作樂，不問政事。

老師得知這一情況後，當然不會坐視不管，三番四次勸阻魯定公，這樣一來，魯定公對老師的態度便愈來愈冷淡了。

一身正氣、憂國憂民的老師，已經成了魯定公滿足私欲、追求享受的絆腳石。對於這些昏庸的掌權者來說，個人享受比百姓蒼生的幸福重要得多。

就這樣，齊國用「美人計」離間國君和老師之間關係的目的，便輕而易舉地達到了。

那段時間，老師一直愁眉不展。

那天，陰雨綿綿，老師在屋裏彈琴，我和子路則在一旁為老師煮茶。

琴聲掩飾不了老師的憂心忡忡。

一曲彈畢，子路忍不住說：

老師，我看魯國是沒什麼希望了，不如我們到更能實現理想的國家去。

老師放下琴，踱到窗口，望着飄落的雨絲沉默良久，然後像是說給我們聽，又像是自言自語：

如果不是迫不得已，誰願意離開自己的故土，到別人的土地上去漂泊！

我知道，除了對故土的不捨，老師心中還對國君抱有一絲幻想。

幾天前他才對我說過，魯國很快就要舉行郊祀，如果國君能在典禮後將祭肉分送給大夫，表明他還懂得基本的禮數，那麼，魯國還有希望。

郊祀就是祭天，是魯國一年中最隆重的禮節之一。

按常理，郊祀結束後，國君要將祭肉等祭品分送給文武百官，以體現君侯對臣屬的關懷，也表示着天對百姓的保佑。

沒想到這最後一絲幻想也破滅了：郊祀之後，國君並沒有給大夫分送祭肉！

幾十個美女，就讓國君把基本的禮節丟掉了，國家的興盛，也早讓位給那些美女了。

更可怕的是，魯定公和季桓子對老師不再信任，老師已空有司法部

長之名，而無司法部長之實。而且，由於老師堅持自己治國安民的主張，引起了他們的不滿，甚至產生將老師趕出魯國的想法。

魯國，這片老師深愛的土地，已經沒有他的安身之地。

接連幾晚，我發現老師屋裏的燈幾乎通宵未滅。

那天一早，老師把我們都叫到跟前，說：

> 我最大的願望，就是將自己治國安民的想法付諸實行，從而使國家政治清明，老百姓安定富足。但現在看來，這個理想在魯國是無法實現了。也許，我只有到別的國家去尋找機會，才有可能實現理想。你們也都談談自己的意見。

老師的語氣儘管很平淡，但從他的目光中，我們能感受到老師對於放棄故土的艱難和對實現理想的渴望。

而作為跟隨老師的學生，老師的理想又何嘗不是我們的理想？

但這其中還有很多現實的問題，很多同學都表示了不同的意見。

有的說，實現理想固然重要，但也要考慮現實。老師在魯國雖一時被冷落，但政壇風雲變幻，說不定未來又被重用呢？

有的說，在魯國我們有基礎，有人脈，可是到其他國家去便人生地不熟，說不定不但實現不了理想，還要經歷想像不到的挫折和危險！

有的說，我們大多數人的家都在魯國，要離開自己的國家，恐怕父母不會同意！

也有的從關心老師的角度考慮：「您都五十六歲了，怎麼禁得住在國外顛簸受苦！」

有的學生甚至開起了玩笑：「現在交通不方便，出國這種事情，年輕人去就好了。老師，雖然我們佩服您有一顆青春的心，但畢竟歲月不饒人啊……」

每個同學的話，老師都認真地聽，有時還不斷地點頭，和大家討論。但在天快亮的時候，老師沉吟了片刻，說出這樣一番話：「你們講得都對，但正因為我已經五十六歲了，時日不多了，所以我不能被動地在魯國等待，而要去其他國家尋找機會。在這裏我們的理想無法實現，但在其他國家說不定能找到適合我們的舞台。我已經決定走了，願意和我一起走的，歡迎同行。不願意去的，你們可以回家或者選擇到其他的地方去。」

我們和老師的情感那樣深，而他所勾勒的理想藍圖，好像就在其他國家等着我們。於是，我、子路、顏回、冉求等幾個人當即表示願意追隨老師。

三天後的清晨，我們便出發了。

駕車的是冉求師弟，他一揮馬鞭，隨着一聲清亮的「駕」，十四年動盪顛沛、周遊列國的歲月從此拉開。

當熟悉的杏壇漸漸遠去，直到淡出了視線，我的心情突然變得複雜起來，這其中有對新生活的嚮往，也有在一個全新的地方實現自己理想的憧憬和豪情，同時還有一絲對未知的恐懼和不安。

回頭看看老師，他依然那樣平靜，甚至帶着淡淡的微笑。這樣的神情，在十四年的歲月中，我曾看見無數次。

這讓我的心一下子平靜下來。老師的這份淡定似乎在告訴我，如果我們無法改變漂泊的命運，至少，我們還能保持心靈的安然。

實際上，周遊列國的十四年，我們並沒有找到讓老師真正發揮才能的舞台，我們經歷的，並不是快樂和自豪，更多的是逆境與煎熬。

但後來回想，正是這周遊列國的十四年，使老師的思想和理念像種子一樣撒佈各地，讓他擁有廣大而深遠的影響；也正是這十四年，讓他的弟子從情操到能力得到了全方位的訓練，這不僅為他們以後在各界取得成就奠定了基礎，而且也為後來他們傳播老師的思想，讓「孔子智慧」影響一代又一代的人，創造了很好的條件。

人生的許多事情，有誰說得清呢？我不由得想起一句話：「命運為你關上一扇窗，但也許會為你打開一道門。」

既然這樣，面對失落和挫敗，我們為什麼一定要感到惋惜和痛苦，而不能學會正向思考，並果敢地去開創新的生活呢？

孔子被齊國「美人計」算計而被迫離開魯國的故事，見於《史記·孔子世家》、《孔子家語·子路初見第十九》、《論語·微子第十八》。

孔子智慧錦囊

在人生的道路上，我們最害怕的可能是一個「失」字——失敗、失戀、失業……

是啊，「失」往往意味着遭遇挫折，甚至意味着以前付出的一切，轉瞬已化為烏有。

這時候，人是痛苦的，甚至是絕望的。有的人難以接受，可能會在那裏停留很久，有的人甚至灰心地認為「完了」，不再努力，甚至萌生輕生等糊塗念頭。

美國股神巴菲特十九歲時，遵照父親的期望，報讀哈佛商學院，怎料面試談了不足十分鐘，面試官就對他說：「算了吧，你進不了哈佛的！」

巴菲特正愁不知如何向父親交待，情急之下，他在哥倫比亞大學章程上，看到《證券分析》的兩位作者——葛拉漢教授和多德教授的名字。巴菲特讀過《證券分析》，於是寫信給多德教授，請求他收自己為徒。

結果，巴菲特成功入讀哥倫比亞大學，並在兩位教授門下學習投資法，練就了獨特的投資眼光。回想起被哈佛拒收的往事，巴菲特感歎道：「好在哈佛沒有收我，一件壞事才變成大好美事。」

無論是孔子還是巴菲特，都告訴我們一個道理：不要害怕挫折和「失去」！有失必有得。只要你心中有夢、有光，勇敢前行，說不定更美的風景，就在前面迎接你！

1. 我最害怕遇到的事：＿＿＿＿＿＿＿＿＿＿＿

  這件事最壞的結果是：＿＿＿＿＿＿＿＿＿＿

  但最好的結果是：＿＿＿＿＿＿＿＿＿＿＿＿

  從好和壞兩方面這樣去想，有沒有好一點？

  ☐好多了　　☐一點點

2. 我的夢想是：＿＿＿＿＿＿＿＿＿＿＿＿＿＿

  要實現這個夢想，我必須跨過這幾個困難路障：

  路障① ＿＿＿＿　　路障② ＿＿＿＿　　路障③ ＿＿＿＿

  我會用這個方法跨過路障：

  ＿＿＿＿＿＿＿＿＿＿＿＿＿＿＿＿＿＿＿＿＿

3. 如果我是孔子的弟子，我 ☐支持　☐不支持　孔子老師實現理想，因為：

  ＿＿＿＿＿＿＿＿＿＿＿＿＿＿＿＿＿＿＿＿＿

第二堂

上天的詛咒?

我們到了周遊列國的第一站衛國。

本以為能夠大展宏圖的老師,卻經受了一次更大的

侮辱……

 如果我有什麼不好的想法和不檢點的地方,讓上天厭棄我!讓上天厭棄我!

老師漲紅了臉大聲說。

看來,他實在是傷心和生氣到了極點,雪白的鬍子都抖起來了。

我剛進門,就看到了讓我畢生難忘的這一幕,心中的震驚和不安可想而知,因為我從來沒有看過老師這個樣子。

我正想問老師發生什麼事,不料老師走進內堂把門一關,就不出

來了。

　　剛才那番話，老師是衝着子路說的。而此時子路的神情，既驚慌、委屈，又茫然失措。

　　我忙問子路，他先不肯說，後來還是將事情的始末告訴了我。

　　聽完子路的解釋，我儘管十分理解子路，但更理解老師，並為他所受的委屈而深感悲哀。

　　真是天下烏鴉一樣黑啊！本以為離開魯國後可以找到更好的理想舞台，沒想到在我們到達的第一個國家衛國後，卻又經歷了一次次的失望和侮辱。

　　應該說，我們剛到衛國時，似乎是可以一展宏圖的。當時衛國的君王衛靈公得知老師到來，在風雪中率領羣臣，親自來迎接老師和我們！

　　那一瞬間，我們所有人心裏都是暖洋洋的，那時我的第一個念頭是：老師屈辱不得志的日子終於過去了，一展宏圖的時候終於到來了！

　　但沒想到，衛靈公卻只是給予老師俸祿，在言談上器重老師，卻沒有任何要重用老師的意思。

　　打聽之下，我們才知道了事情的原委：

　　衛國夾在晉國、楚國等幾個大國之間，衛靈公也想盡快使國家強盛起來。而物色到好的人才，是強盛的根本。

　　所以，當他聽說老師要來衛國便感到十分振奮，認為這是上天幫助衛國強大的最好契機，因此親自迎接老師，並準備重用老師。

　　但大臣彌子瑕的話，卻讓他徹底打消這一念頭。

　　彌子瑕是衛靈公的寵臣，但他得寵靠的不是雄才大略，而是漂亮的臉蛋和像蜂蜜一樣甜的讒言。

彌子瑕得知衛靈公要重用老師，十分擔心自己因此失寵，便向衛靈公進讒言：「孔丘是當今的聖人，又有顏回、子路、子貢這些賢才猛將，這些人哪是主公能掌控得了的？衛國的江山豈不是要拱手讓予他人？」

這番話一下子擊中了衛靈公的要害。所有政客，首先關心的必然是自己的位置是否牢固。衛靈公頓時沒了主意，便問彌子瑕該怎麼辦。

彌子瑕臉上堆滿笑容，說：「依微臣之見，主公不如虛尊孔子，給他俸祿，不委派官職。這樣豈不兩全其美？」

衛靈公一聽，覺得有理，便欣然答應了。

不久，彌子瑕來拜訪老師，言談中對老師推崇備至，還將自己的家臣公孫假派來侍奉老師。

明眼人一眼便看出，侍奉是假，監視是真。

是可忍，孰不可忍？這種情況怎麼能長久下去呢？

衛國也有如蘧伯玉這樣的忠臣，他們都很尊敬老師，但他們的話又不管用。

這時，衛國政壇上另一個重要的「風雲人物」出場了。她就是衛靈公的夫人南子。

南子原本是宋國的公主，貌美卻無婦德，未嫁前曾與人私通，嫁到衛國後仍本性難改，然而衛靈公特別寵愛她，不僅對她不檢點之事睜隻眼閉隻眼，對她的話更是言聽計從。

老師重視禮數，對南子這樣的人，他是一輩子都不願意有任何來往的。但沒有想到的是，南子卻偏偏對老師表現出很大的「興趣」。

有一天，南子突然心血來潮，要召見老師。這樣單獨召見，於情於禮都不符。但前來傳話的小吏說這也是國君的意思，說南子有事向老師

請教。

　　看得出來老師很為難，我們也不想讓老師去，但禁不住小吏一再催促，加上沒有理由推託，老師最終還是不得不去。

　　會面安排在一間掛着帷帳的客室裏，老師在帷帳外，南子在帷帳裏。老師先向南子行禮，隔着帷帳，老師聽到裏面響起一陣珠寶玉器的撞擊聲，想必是南子在還禮。

　　說是有事向老師請教，其實並沒有事。南子東拉西扯說了一通話，見老師並不怎麼回應，言語中漸漸流露出對老師的不恭。

　　可以想像老師當時是多麼尷尬和難受。老師只坐了一會兒，便藉故匆匆告辭了。

　　回來之後，老師的臉色前所未有的沉重。

　　但子路師兄一點都不懂得察言觀色，一見老師，就氣呼呼地說：

老師是何等尊貴和受人崇敬，而南子是何等受人鄙棄，您怎麼能去見她呢？

　　子路總是得理不饒人，只要他覺得有理，聲音便會比平時高幾分。

　　而我看問題卻不像子路這樣「一根筋通到底」。我覺得老師去見南子沒有錯，畢竟南子是最能影響衛君的人，如果她能舉薦老師，也不失為一種有效的方法。何況，如果老師借古諷今，說不定可以讓她痛改前非，這又有什麼不好？

　　我以為面對子路的質問，老師也會以這樣的理由為自己開脫，但向

來從容的老師，只是嘴脣抖動着，好像要說什麼，卻什麼都沒說出來。

而子路還在繼續大聲說：

就算我們不說什麼，也不知道別人會怎麼議論。老師這樣做真是太失身份了。

就在此時，老師的情緒突然爆發了，他滿臉通紅地吼道：

別說了！如果我有什麼不好的想法和不檢點的地方，讓上天厭棄我！讓上天厭棄我！

這就是我進門所看到的那一幕。

老師的神情把大家嚇壞了。這是老師唯一一次情緒如此失控，也是唯一一次用賭咒的方式來表白。

看着目瞪口呆的子路，我不禁有點怪他不懂事，明明知道老師蒙受了莫大的羞辱，還不依不饒地逼問，這不是在老師的傷口上撒鹽嗎？

同時，我也為老師寄人籬下，不得不處處低頭的處境感到心酸。

隨着日子一天天過去，老師見南子的風波終於慢慢平息下來。但我們怎麼也沒有想到：一場更大的風波還在等着他。

這天，老師正準備給我們上課，忽然衛君派人來請老師進宮。

一見老師，衛靈公就笑瞇瞇地說：「好久沒見夫子了，今天天氣這麼

好，不如我們一起到郊外走走，順便向夫子請教，夫子意下如何？」

老師一想，這可是難得的機會，在這樣輕鬆的環境中交流，說不定自己的一些想法能夠被衛君接受，於是就答應了。

然而，就在準備登車時，又有更讓人意想不到的事情發生：打扮得花枝招展的南子走過來，向衛靈公撒嬌說，自己也要去。

這樣的要求，衛靈公本來應該拒絕，但他一見南子嬌滴滴的模樣，早就把禮數拋到九霄雲外，立即答應了。

但即使答應了，出於對老師的尊重，衛靈公也應該讓老師和他同乘一輛車，而讓南子坐在另一輛車上。但衛靈公卻厚顏無恥地說：「夫子，只好委屈您乘後面的一輛車了。」

這是老師萬萬沒想到的，他一下子陷入了進退兩難的境地。

任何一個有自尊心的人，這時都會認為自己受到羞辱。但如果拒絕或者離開，就等於不給衛君面子，這是老師無論如何都不會做的。

萬般無奈之下，老師只好坐進另一輛車中。

車隊從鬧市中經過，南子和衛靈公打情罵俏的聲音不時傳來。

儘管老師正襟危坐，仍然阻止不了路人指指點點：

「快看快看，那不是最有學問的孔丘嗎？」

「想不到孔丘這樣的人也會陪南子出遊。」

「看來孔丘也不過徒有虛名，口口聲聲要講究禮數，可為了自己，什麼禮數都可以不顧。」

這些話如同針一般扎在老師心上。老師活了大半輩子，一直將自身德行的修養視同生命一樣寶貴，處處受人尊重，何曾受過別人這樣指點？這樣的痛苦，比逃亡、比被人罵成「喪家犬」，何止難受千倍？

那天老師回來之後，彷似大病一場。

沉默良久，老師說了一句讓我們終生難忘的話：

「走遍天下，沒有見到好德的人能像好色者這樣啊！」

我知道老師這句話，道盡了他這段時期不得志的悲哀。在魯國是這樣，在衛國也是這樣。

這樣的君主，值得我們去奉獻心力嗎？這樣的地方，值得我們繼續待下去嗎？

我們終於決定離開衛國。當我們準備坐上馬車離開衛國都城帝丘時，我的腳步突然沉重起來。因為，我想起了我們剛到帝丘時的情景——那一天，我們是在黃昏時候抵達的，雖然已是寒冬，雪花紛飛，但帝丘城裏熙熙攘攘，熱鬧非凡。

儘管我們一路經過了數不盡的顛簸勞累，但在那一刻，連日奔波的疲憊一掃而空，老師當時的心情尤其好，看着來來往往的人羣，他忍不住讚歎說：

這裏的人真多啊！

聽了老師的話，正在趕車的冉求回過頭來問：

老師，人多了以後，該怎麼辦呢？

老師毫不猶豫地回答：

使他們富裕起來。

冉求又問：

那麼富裕了之後呢？

老師笑瞇瞇地看了大家一眼，說：「你們說呢？」

沒等我們回答，他自己又將答案說出來了：

富裕之後就要施以教化，讓他們學習禮儀，懂得
做人的道理，使人人成為君子。

老師愉悅的心情感染了大家。我們當時都覺得選擇來衛國是對的。
我們都憧憬着：這就是實現我們理想的地方！

可是，如今我們又不得不再次踏上新的流浪之旅了。

滿懷期望而來，滿帶失望而走。當時的情景歷歷在目，我怎能不黯
然神傷呢？

但我驚奇地發現，老師的神情既輕鬆又快樂。老師臉上再次洋溢着

久違的笑意，老師的一舉一動，再次流露出我特別欣賞的從容和淡定。

老師看我有點心事重重，就走過來問我在想什麼。

我把剛才的感覺和想法告訴老師：

 老師，您是這樣有學問和智慧的人，為什麼要經歷這麼多的侮辱呢？

老師點了點頭，拍了拍我的肩，說：

 子貢啊，前些日子我遭受的那些事情，說起來也算是人生的奇恥大辱，讓人難過無比。但經過這幾天的反思，我一下子想通了。

哦？這立即引起了我的興趣。

「歷史上做成大事業的人，有誰不是經歷千難萬難、遭受許多常人難以想到的痛苦和侮辱呢？不說遠的，就拿西周開國君王周文王來說吧，當時他被殷紂王囚禁，可在那種環境中，還能推演出《周易》這部重要的著作。」

老師的話，如滴滴清泉流進我的心裏，不僅減輕了我的沉重心情，同時給我一份新的激勵。

「再來看我最崇敬的周公旦吧。當他廢寢忘食，一心一意輔佐年幼的

周成王時，很多人造謠誹謗他，說他圖謀不軌。那些誹謗他的人，唾沫星子都有可能把他淹沒。但他怨天尤人過嗎？責怪過生活不公平嗎？沒有！他徹底經受了這些冤枉和侮辱，最終以實際行動證實自己偉大的人格。是的，魯國和衛國的兩次經歷，對我而言確是從未有過的侮辱，令人痛不欲生。但想一想周公，我就覺得實在太羞愧了，和文王、周公所遭受的委屈和侮辱比起來，我受的這些又算得了什麼呢？」

講到這裏，老師語重心長地對大家說：

我們一定要記住：我們是身負使命的人，任重而道遠，所以一定要受得這樣的痛苦和侮辱！文王和周公就是我們永遠的榜樣啊！

看着老師那既堅定又從容的面容，聽了老師的話，我剛才那些深深的憤恨、憂傷和屈辱感，一下子消失得無影無蹤。我對未來再次充滿了希望，心中又增加了一份新的力量。

於是，我從冉求手中把馬車的韁繩和馬鞭奪過來，手一揮，大叫一聲：「駕！」

馬車載着我們，也載着我們新的希望，往不知曉的未來奔去。

1. 孔子見南子的故事，見於《史記·孔子世家》。2. 冉求問孔子如何治理百姓的故事，見於《論語·子路第十三》。3. 孔子以賭咒表白的故事，見於《論語·雍也第六》。

孔子智慧錦囊

　　現代有一個詞叫「草莓族」，指的是這樣的青少年：外表看上去光鮮奪目，實際上卻不懂抗壓，稍遇不如意就灰心失望，抱怨指責，遭到挫敗就更加痛苦不堪，甚至做出傷人傷己的行為。對這種人而言，自覺以孔子為榜樣，學會面對生活中不如意的事情，能看得開、挺得住、走得穩，便顯得尤其重要。

　　學習面對挫折是成長的一部分。其實，不只實現理想的代價是忍受，哪怕要在社會上立足、要和別人和諧相處，也要學會適應與忍受，同時謀求個人進步和發展。

　　生活是不公平的，你必須學會去適應它。

　　如果我們不願成為現實世界中的失敗者，如果我們還有理想去追求，我們就得給自己一劑成長的強心針。

手造備忘錄

1. 我認為忍讓是 ☐美德 ☐懦弱，因為：

   _____

2. 除了孔子，我還知道一個忍辱負重的名人故事：

   人物：_____

   事件：_____

3. 當有人遭遇困境，我覺得勸慰對方想開點是
   ☐有效的 ☐無效的
   如果我最好的朋友正為一件事而感到焦慮，我會嘗試
   對他／她說：

曾子曰：「士不可以不弘毅，任重
而道遠。仁以為己任，不亦重乎？
死而後已，不亦遠乎？」
　　　　（《論語‧泰伯第八》）
子曰：「已矣乎！吾未見好德如好
色者也。」
　　　　（《論語‧衛靈公第十五》）
子曰：「巧言亂德，小不忍則亂大
謀。」
　　　　（《論語‧衛靈公第十五》）

第三堂　救命的歌聲

在匡地，一場無妄之災差點奪去了老師和我們的命。

我們沒想到的是，最終化解困境的，居然是笑聲和

歌聲……

真沒想到，我們竟被人圍困起來！

這場災難發生在我們趕往宋國的路上，經過一個叫匡的地方。災難來得可謂全無徵兆，差點要了老師和我們的命。

到匡地時，天已經快黑了，我們找了一家客棧過夜。一路奔波使大家疲憊不堪，簡單吃了點飯菜，就上樓準備休息。

這時，聽到外面傳來一陣急促而嘈雜的腳步聲，緊接着，火把的光幾乎把整個夜空都照亮了。

我隔着窗一看，只見一大羣人高舉火把，氣勢洶洶地將客棧團團圍住，嘴裏不停高呼：

「陽虎出來！」

「不要放走陽虎！」

「向陽虎討還血債！」

……

夜空中，憤怒的聲音一浪高過一浪，聽得人驚心動魄。

看到這樣的場面，我們都愣住了。

究竟出什麼事了？

老師示意我們不要驚慌，然後推門出去，想看個究竟。誰知老師剛一露面，樓下圍着的人愈加激動！

「就是他！」

「陽虎出來了！」

「不要再讓他跑了！」

「殺了陽虎！」

沒等老師開口，只聽見「嗖」的一聲，一支冷箭從老師耳邊飛過去，差點射中老師。

我一看情形不對，立即將老師拉進房去，並緊閉房門。

沒想到憤怒的匪人一見老師進去了，便開始進攻，拿着木棒和長矛往大門口衝。

子路師兄一看不妙，於是大喝一聲，拿着大刀迎上去。

剎那間，刀光劍影。

子路師兄的功夫確實了得，不消一會兒就打得圍攻的人連連後退。

師兄還想乘勝追擊，卻被老師叫停了。師兄進來後，老師立即吩咐緊鎖大門。

子路師兄顯然還沒打過癮，一邊摩拳擦掌一邊大聲說：

老師不用怕，就算全匡城的人都來了，也動不了您半根毫毛。

老師說：

子路啊，看來這其中一定有誤會，誤會是不能靠武力來消除的。我們學聖賢之道，講的是仁義，怎麼忍心因誤會而引起傷亡呢？

跟這些蠻不講理的人還講什麼仁義，老師也太迂腐了。

子路師兄很不服氣地說。

正因為別人不懂，我們才更需要遵循仁義之道，否則，仁義怎麼能真正得以推行？何況，這也是鍛煉我們心性的最好時機。

聽了老師的話，子路師兄便不作聲了。

領教過子路的勇猛，匡人不敢再進攻，只是輪番圍守在客棧外。看情形，他們打算將我們困死在客棧。

三天過去了，匡人毫無撤退之意。

眼看着糧食快吃光了，再這樣下去，過不了幾天，我們必死無疑。

子路師兄再也沉不住氣了，拿起大刀，準備和另外兩個師弟衝出去與匡人拚個你死我活。

老師再次攔住子路，並把大家叫到面前：

你們認為，什麼是勇？

那還用說，就是遇到危險和困難不避開，敢於迎戰嘛！

子路對老師的阻攔很不滿，於是氣呼呼地說。

老師微笑着點點頭：「在水中不避蛟龍的，是漁父之勇；在陸地不避虎豹豺狼的，是獵人之勇；直面鋒利的刃劍，視死若生的，是烈士之勇。子路，你是哪一種『勇』？」

子路眼睛沒眨一下，當即說：「烈士之勇。」

「不錯，你是烈士之勇，但這並不是『勇』的最高境界。」

「勇」還有分最高境界？這可從沒聽說過。我們都非常好奇，一時間忘記了被人圍困。子路師兄也似乎忘掉剛才的不滿，瞪大眼睛看着老師。

最高境界的「勇」，是聖人之勇。也就是知窮之有命，知通之有時，臨大難而不懼。就像這次的事情，我們誰也沒有預料到，但既然躲不掉，已經發生了，就坦然接受它。這就是知窮之有命。而知通之有時，就是相信哪怕處境再糟糕，也有走出去的時候。

老師的話固然很激勵人，但看匡人的架勢，恐怕我們還沒走出困境，就已經餓死了。

或許是為了安撫我們，老師提議大家一起唱歌。

唱歌？在這種時候？老師沒有搞錯吧？

老師臉上一直帶着微笑，這份微笑給了我們信心與力量，我們不由自主地點了點頭。或許，這正是「臨大難而不懼」吧！

老師調好琴弦，開始彈奏他最喜歡的、歌頌文王情操的《南風歌》，隨着優美旋律響起，大家紛紛唱了起來。開始時聲音很小，慢慢地，聲音愈來愈大。

唱着唱着，我發現所有人的表情開始變得柔和，甚至微笑起來。幾天的惶恐、壓抑和沮喪一掃而空，內心的光明和力量開始一點點浮上來。

一首接一首的歌，讓我們忘掉了所有的困頓和磨難。不知唱了多

久，直到喉嚨已經嘶啞，我們才停下來。

這時我們才發現，客棧的掌櫃不知道什麼時候進來了。

他向老師行了個禮，說：「圍在外面的人已經走了，匡地的長官正在外面，請求拜見夫子。」

我們趕緊推開窗戶，可不是嗎？那些匡人不知什麼時候全走光了。

突如其來的改變讓我們既高興又疑惑，到底發生了什麼事？見了匡地的長官，我們才知道事情的真相。

原來在數年前，魯國有個叫陽虎的傢伙作亂，被魯國人趕走了。當他經過匡地去晉國時，曾在匡地大肆殺人放火，使匡人至今仍談「虎」色變。

因為我們講話帶魯國口音，所以進城時引起了守城老兵的注意，加上老師長得和陽虎有幾分相似，老兵誤將老師當成陽虎，立即向匡地長官報告。

匡人對陽虎恨之入骨，一聽陽虎又回來了，一個個都憤怒得不得了，立即召集人馬，手持兵器直奔我們所住的客棧。因此便出現了前面的一幕。

但既然匡人認定老師就是陽虎，為什麼又會撤走呢？

匡地的長官說：「這要感謝你們唱的那些歌。陽虎殺人不眨眼，怎麼會唱那些歌頌文王、讚揚百姓的歌呢？聽到歌聲後，我們就知道搞錯了，後來一打聽，果真如此。」

為了表示歉意，匡地的長官說第二天要宴請我們，並向老師請教為政之道。

送走了匡地的長官，我們都如釋重負。我們沒有想到，困境來得如

此突然和凶險，而最終化解困境的，卻是最平常的歌聲與笑聲！

　　夜深了，老師和同學都已睡去，我卻毫無睡意。披衣下樓，我在院子裏坐了很久。朗朗的明月，靜靜地照着院中的老槐樹。一切是那麼的寧靜，被困三天，再次呼吸到自由的空氣，我第一次覺得，生命是那麼美好！

　　第二天，我們又踏上新的征程。

孔子在匡地唱歌解困的故事，見於《史記‧孔子世家》、《孔子家語‧困誓第二十二》、《莊子‧外篇‧秋水第十七》。

孔子智慧錦囊

　　即使在不利的情況下，還能保持笑容，還能唱歌。表面上看起來是一個有關表情和行為的問題，實際上是有關陽光心態的問題。

　　曾經有一個年輕人，進了保險公司做推銷員。但他幾個月來沒有成交一張保單，因此只能睡在公園。但是他心態特別好，每天一醒來，就用公園的水龍頭洗臉，之後精神抖擻地上班去，並總是非常熱情地與路人打招呼。

　　有一天，他照樣對一位常遇到的先生打招呼說早安。那位先生說：「小夥子，我看你活得這樣快樂，給我很大的感染，我請你吃早餐吧！」儘管肚子餓得咕咕叫，他還是神氣十足地說：「謝謝您，我已經吃過了！」那位先生便問：「那請問你在哪裏高就啊？」他自豪地說：「××保險公司。」

　　沒想到，那個人說：「既然你不肯賞臉和我吃飯，那麼我買你的保險可以嗎？我太想結交你這個快樂的小夥子啦！你的笑容，就像陽光一樣能照亮生活啊！」於是，這個小夥子的第一張保單成交了！

　　沒有其他原因，僅僅是表現得積極樂觀，而做成了第一張保單，這說明了什麼？說明擁有積極的陽光心態，就能像磁場一樣，將好運氣吸收過來！

　　這個故事，與孔子在困境中微笑並和大家一起唱歌的故事，是不是很相似呢？

　　那個小夥子是誰？他就是日本最有名的保險推銷員原一平，他只有一米五多的個子，卻取得如此大的成就。在他寫的自傳中，便多次強調陽光心態對學習、工作和生活的重要。

　　所以，不管遇到什麼挑戰，帶着笑容，帶着歌聲，學會以陽光心態去面對吧！

手造備忘錄

1. 今天我笑了＿＿＿＿次
   這件事令我開懷大笑：
   _____

   我的笑容感染了這些人：
   _____

2. 子路的「勇」是烈士之勇，孔子老師的「勇」是聖人
   之勇，我的「勇」是＿＿＿＿＿＿＿＿＿＿＿＿之勇。

第四堂 老師不見了

我們滿懷希望地來到宋國，沒想到，卻惹來一場殺身之禍。

我們連夜倉皇逃出了宋國的都城，落魄的老師，竟然被人形容為「喪家犬」……

天哪，我們竟然和老師走散了！

大家都驚慌失措，喊的喊，叫的叫，馬受了驚嚇，差點跑了。慌亂之中，冉求還把自己的一個包袱弄丟了。

大家開始分頭尋找，然而找遍大道、小道、岔道，哪裏都沒有老師的蹤影。

整整一個上午過去了，依然沒有老師的下落。

我累壞了，倚着一塊大石頭休息。我一邊看着自己昨晚被荊棘劃破的衣服，一邊回想起和老師走散的經過，眼淚忍不住掉了下來。

離開匡地後，我們到了宋國。

老師的祖上本是宋國人，所以對宋國有很特殊的情感。

然而沒想到的是，在宋國，等待我們的是更大的災難。

那天，我們來到宋國國都商丘的郊外。在一座山腳下，我們看到數百名石匠在烈日下打磨石料，修砌一座巨大的墳墓。

一位上了年紀的老石匠因為動作慢了點而被監工鞭打。

老師很不忍，讓我去勸勸監工。

而另一個監工似乎覺得用皮鞭打還不夠，又拿起一根木棒，朝老石匠的頭上打去。

沒等我反應過來，子路已經衝了上去，一把奪過監工手中的木棒。由於用力過猛，監工一下子失去重心，腳步踉蹌，摔倒在地上。

惱羞成怒的監工爬起來，大聲斥問：「你們是何人？竟敢如此放肆！」

老師自報了家門，並解釋我們只是路過，見老人著實可憐，想請他手下留情，並沒有別的意思。

監工冷笑一聲說：「我不管你是什麼子，只要敢攔阻我們軍政部長桓魋的工程，就沒有好下場！」

「請問這是什麼工程？」

或許是看老師氣宇不凡，又彬彬有禮，監工不敢輕舉妄動，只是冷冷地說：「這是軍政部長為自己百年之後準備的，已經造了三年，今年一定要完工。」

「不知你們部長今年高壽？」

「三十八歲！」

老師歎了口氣，像是自言自語地輕聲說：

這麼早就為自己做這樣的準備，而且耗費那麼大，沒必要啊！

監工顯然聽見了老師的話，於是厲聲說：「我們軍政部長的事，哪輪到你們說三道四。在這裏，誰敢對部長說半個不字！我看你們是活得不耐煩了！」

說完惡狠狠地瞪了我們一眼，便轉身走了。

這番話令我們的心情一下子沉重起來。看來，宋國的環境比魯國和衛國還要惡劣啊！

老師決定先不拜見宋國國君，而是先了解一下情況。

我們找到了家客棧住了下來。

儘管過着奔波動盪的日子，老師始終沒有放鬆對我們的教育，任何環境都不會影響他給我們上課的心情。

客棧太小，老師就每天帶我們到客棧前面的大樹下學習。

琅琅的書聲，伴隨着陣陣微風、悅耳的鳥鳴，別有一番情趣。

那天早上，我們像往常一樣來到樹下，卻發現大樹已經被一幫士兵連根挖起。

子路師兄一看，忍不住衝上去質問他們。

一個首領模樣的人冷冷地看了子路一眼，說：

「為什麼？你去問我們的軍政部長。」

說完，就用挑釁的眼光看着我們。

子路師兄早已按捺不住了，右手緊緊握住腰間的刀柄，準備隨時拔刀，但被老師用目光制止。

　　我們已感到危機近在咫尺，但老師仍然從容淡定：

　　我們只是做應該做的事，軍政部長又能如何？

　　說完，老師便帶我們到另外一棵樹下繼續上課。

　　那幫士兵見我們根本不理會他們，站了一會兒，只好悻悻然離開了。

　　晚上，我們正準備休息，突然聽見一陣急促的敲門聲。

　　敲門的正是那位老石匠。他慌慌張張地告訴我們，自己有位當差的鄰居告訴他，軍政部長桓魋準備連夜派兵來追殺我們。

　　原來桓魋知道老師到了宋國，怕國君一旦重用老師，自己的地位就會不保，於是對我們起了殺意。

　　我們來不及多想，匆匆收拾了行李，便開始連夜逃離商丘。

　　那真是一段不堪回首的經歷，我們在前面倉皇地跑，後面是舉着火把窮追不捨的士兵。

　　荊棘、泥濘早已顧不上了，當時我們都只有一個念頭：一定要逃出商丘，不能就這樣做了桓魋刀下的冤魂。

　　不知跑了多久，直到東方泛白，我們終於到了衛國，不用再怕宋國的追兵了！

　　就在大家剛剛鬆口氣的時候，卻發現老師不見了！

　　我坐在樹下，想起我們離開魯國後的種種經歷，想起老師現在生死

未卜，不禁心如刀絞。

就在這時，只見一位頭戴斗笠、肩揹竹簍的老人哼着小曲走過來。

我連忙站起來向他打聽：「老先生，您可曾見過我的老師，一位個子很高，年約六旬，鬚髮全白的外地人？」

老人打量了我一番，笑着說：「我不知道那是不是你的老師。剛剛在東門外，我看到一位老者，身長九尺有餘，生一雙河目，闊額高顴，頭似唐堯，頸似皋陶，肩部好像子產，自腰部以下，比禹差三寸，一副倒霉的樣子，在那裏不斷徘徊，如同喪家犬一般。」

我趕緊向老人道謝，匆匆向東門跑去。

還沒到東門，我遠遠地就看到那個熟悉的身影。不是老師是誰？

老師一見到我，眼睛立即亮了。

老師看起來疲憊不堪，我找了輛馬車，扶老師上了車，向大家約好的聚集地點駛去。

一路上，老師問我是怎麼找到他的。於是我將怎麼遇到老人、他是如何形容老師的話原原本本說了出來。

本以為老師會生氣，沒想到他卻哈哈大笑起來。

我的相貌倒未必如他形容的那樣。但他說我是喪家犬，倒真是那樣啊！

老師的反應讓我有些詫異，這不太像老師的作風。

老師是多麼看重面子的人，如今被人罵成喪家犬，卻好像一點都沒

有放在心上。

良犬尚且需要一個好的主人。而我呢，空有一番
經世濟民的學問和輔佐明主、建功立業的胸懷，
卻上無明主器重，下無賢士推薦，有力用不上，
不是喪家犬又是什麼？哈哈！

老師的笑聲很爽朗，絲毫沒有掩飾的意思。

老師的笑聲，讓我感到欣慰和敬佩，心情開朗了許多。

那麼我們以後該往哪裏去呢？老師沉吟片刻，說：

晉國是獨霸中原的大國，也許我們能在那裏找到
舞台吧！

傍晚時分，我們來到黃河邊，等待從對岸過來的船隻，準備渡河去
晉國。

船剛一靠岸，就見大羣難民蜂擁而上，有的揹着包袱，領着孩子，
有的手裏還抱着雞、牽着羊，看樣子是逃難到衛國來了。

莫非晉國出事了？

一問之下，果然如此。晉國執政大臣趙簡子殺了竇鳴犢和舜華兩位
大臣，晉國一片混亂，百姓不得不紛紛逃離家園。

聽到這個消息，老師久久不語。望着滾滾東流的黃河水，老師長歎一聲：

 好壯美的黃河啊！可是，孔丘卻不能渡過，這也許是命運的安排吧！

說完，兩行淚水從他眼中流出來。

當晚，我們在一個叫陬的地方住了下來。那一夜，老師屋裏的燈亮到很晚。

第二天一早，老師帶我們來到黃河邊，彈奏了他昨晚連夜作的一首琴曲。

琴曲的名字叫作《陬操》。顧名思義，這是一首表達情操的曲子。

東升的旭日，靜靜地照着奔湧的黃河水。

我驚喜地發現：雖然經歷了這麼多磨難與侮辱，老師的琴音卻沒有歷經種種磨難後的屈服，反而充滿了對光明的堅定信念和嚮往。

老師的琴聲，時而清雅、高潔，有如深谷中的幽蘭，不因不受人欣賞就不散發自己獨特的芬芳；時而激越、高昂，就像眼前的黃河水，不管遇到什麼阻攔，也決不屈服，必要奔向大海和遠方……

---

1. 孔子遇到石匠為桓魋造墓的故事，見於《孔子家語‧曲禮子貢問第四十二》。2. 孔子被追殺而淪為「喪家犬」的故事，見於《史記‧孔子世家》、《孔子家語‧困誓第二十二》。3. 孔子無法渡黃河的故事，見於《孔子家語‧困誓第二十二》。

 孔子智慧錦囊

　　誰都不願意被罵作「喪家犬」，孔子卻坦然接受這一稱呼。這給我們什麼啟示呢？

　　第一，遇到某些困境，一定要看得開。因為，看不開又能怎樣？只會徒增更多煩憂罷了！

　　面對生活中的不公和不幸，自嘲也許是保持樂觀心境的最好方法！

　　第二，追求崇高的理想，有時卻會處處受挫，甚至一時不容於天下，如無根的浮萍一樣到處漂泊，這就是「喪家犬」的真正含義。

　　為理想而流浪的人，恐怕都是「喪家犬」吧！為理想而流浪，這樣的「喪家犬」，值得去當，而且當得自豪！

　　「喪家犬」雖然沒有固定的家，但也處處是家。

手造備忘錄

1. 曾經被人「改花名」嗎？ ☐有 ☐沒有
   我的感受是：
   ☐坦然接受　　☐氣憤不平
   ☐一笑置之　　☐其他：＿＿＿＿＿＿＿＿＿

2. 這些興趣能幫我舒緩生活和學業帶來的壓力：
   ① ＿＿＿＿＿＿＿＿＿＿＿＿＿＿＿＿＿＿＿＿＿

   ② ＿＿＿＿＿＿＿＿＿＿＿＿＿＿＿＿＿＿＿＿＿

   ③ ＿＿＿＿＿＿＿＿＿＿＿＿＿＿＿＿＿＿＿＿＿

   在做這些事時，我的輕鬆指數：

   ☐＿＿＿＿＿＿＿＿＿＿＿＿＿＿＿＿＿＿＿
   0%　　　　　　　　　　　100%

子曰：「天生德於予，桓魋其如予何？」

（《論語・述而第七》）

飢餓的滋味

這一次的困境，比以往任何一次都更凶險：我們被困於陳蔡七天七夜，到最後，連一粒糧食都沒有了。

想到這些年的漂泊，處處受排擠，哪裏都得不到重用，我們第一次對老師的理想和追求產生懷疑⋯⋯

我們周遊列國最嚴峻的考驗來了。

離開衛國之後，我們在陳國住了一段時間，但老師仍然沒有被重用。

當時正好吳國前來攻打陳國，楚國立即出兵相助。楚昭王是個重視人才的君王，聽說老師在陳國，便邀請老師到楚國去。

沒想到，走到陳國與蔡國交界的地方時，我們竟然又被圍困了！

原來，楚昭王要重用老師的消息一傳開，陳、蔡兩國的大夫便相聚謀劃：「孔丘是一代聖賢，他若被楚國重用，那我們就危險了。」

於是他們派兵攔住我們，不許我們到楚國去。

這樣過了三天，我們帶的糧食快吃完了。四天之後，大家改為一天

只吃一頓。到了第六天，連一天吃一頓的糧食也沒有了。

看着空空的米袋和餓得有氣無力的師兄弟，我感到當下的情況很嚴重。在匡地時，我們至少還有一點糧食，而且被圍困的時間也短。但現在的處境比在匡地嚴峻得多，我幾乎感受到死亡的氣息在一步步逼近。

難道這一次，我們真的無法度過難關？

但老師還是和往常沒有兩樣，有空講課，弦歌不輟。

到了第七天，老師又開始手拿樹枝，一邊打着節拍，一邊唱起歌來。

老師的若無其事讓我和子路都有點生氣。想起這些年跟隨老師經歷的奔波勞苦，以及一次又一次的失望和屈辱，我們不禁有些灰心，第一次對老師的理想和做法產生了懷疑，同時對老師這種置身事外的態度有些不滿。

子路不等老師唱完，就走上前說：「我們都快餓死了，您還在唱歌，這合理嗎？」

老師並沒有因為子路的問話而停止，一曲完畢，老師才把我們叫到跟前，然後平靜地說：

我問你們，抱怨和憂慮能夠化解困境嗎？

當然不能。

既然不能，為什麼不採取安然的心態去面對呢？

子路愣了一下，繃得緊緊的臉慢慢開始放鬆，顯然，這句話打動了他。但他接着又問：「您說得對，但我還有一點不明白。」

您說過：「常做好事的人，上天以好運來報答他；常做壞事的人，上天以災禍來懲罰他。」莫非老師不夠仁德和聰明，才落到今天的地步？

子路的話未免也太直白了，我暗暗替他捏了把汗。

老師卻並沒有惱怒，依然平靜地說：

這些年我們處處受到排擠，哪裏都得不到重用，也難怪你們會產生這樣的想法。但子路啊，你以為仁德的人就一定被信任嗎？那麼伯夷、叔齊就不該死在首陽山。你以為聰明人一定被重用嗎？那麼比干就不該被殷紂王剖心。

這時我忍不住說：

老師的主張雖好，但既然處處碰壁，不為天下人所接受，那您為何不將自己的標準降低呢？

君子絕不會因為自己的主張不被人接受，就降低標準，違背自己的心性，以求得別人的認同。子貢啊，你的志向不夠遠大，想法不夠深遠啊！

老師的話讓我臉上有些發熱。

也許是多年經商的緣故，令我認為「賣出去才是真理」，可對理想的追求，恐怕不能以「賣出去」作為唯一的標準。也對，如果老師為了出仕，不惜像彌子瑕一樣諂媚屈膝，或者像桓魋一樣飛揚跋扈，那老師還是老師嗎？

這時顏回也過來了，他說：

先生學問高深，以致天下都不能接受。先生推行的主張，世人不用，那是掌權者的錯誤，先生有何不對？在誰都放棄的時候先生還能堅持，更顯出先生是君子。

之後，他又強調說：

在這樣的亂世，處處背棄仁義，但正因為要改變亂世，才更顯得堅持仁義的可貴啊！

這番話說得老師眉開眼笑，他忍不住拍了拍顏回的肩膀，說：「顏回，你才是真有學問呀！」

老師對顏回的親切真有點讓我妒忌，但不能否認，顏回的話確實有道理。

這時，其他幾位同學也進來了。老師慈愛地看了大家一眼，說：「我知道現在的處境很艱難，大家也有各自的想法。但在嚴冬季節才能體會松柏最後凋謝的難能可貴。芝蘭生在深山老林，難道因為沒有人去關注它，自己就不散發芳香嗎？不會的。既然自己是芝蘭，開出自己的花，散發出自己的香味，就是該做的事情了。君子不會因為困窘就改變氣節，也不因此而改變自己坦蕩和快樂的心境啊！」

老師的一番話感染了我們，連日的壓抑和陰霾一掃而空。愈困難的時候，愈要用最樂觀的心去面對。

那麼，我們現在該做什麼呢？

老師哈哈一笑：「唱歌啊！」

儘管已經兩天粒米未進，但大家都不由自主地隨着老師的節拍唱起來。子路一高興，還操起兵器舞動。

到了第八天，我們終於擺脫困境。

原來，楚王派來接我們的人到了。陳蔡的士兵見形勢不妙，便趕緊逃走了。

孔子被困於陳蔡的故事，見於《孔子家語·在厄第二十》。

孔子智慧錦囊

在一次生命教育論壇上，有一位成功人士講到他在讀小學時，曾因為感到絕望而走到河邊準備自殺。但在最後一刻，他壓制住往河中一跳的衝動。為什麼他能夠臨崖勒馬？他說：「我突然聽到內心有聲音在說：不要絕望啊。再堅持一天看一看，也許事情沒有我想像的那樣壞。」

果然，當他回來後，他發現其實是自己放大了問題。放大問題就等於放大了痛苦，加強了絕望。而當一個人在絕望中給自己一絲希望，又可以迎來燦爛的明天。

這樣的故事，與孔子和其弟子在陳蔡的遭遇有相似之處——他們都面臨人生的絕境。對上述這位先生而言，他是因此想放棄生命；對孔子的某些弟子而言，他們是對曾經的理想和道德觀產生了懷疑，甚至想放棄。但幸運的是，無論是這位先生還是孔子的弟子，最終都選擇了堅持。

因此，當你面對人生困境和絕境時，千萬不要選擇放棄。因為：

遭逢絕境的人，其實沒有悲觀的權利——

上一刻不絕望，下一刻就有希望，人生總有辦法。

手造備忘錄

1. 我曾經遇過一件事，令我的心情跌入低谷：

_____

   還有比這更差的情況嗎？□有 □沒有 □或許
   不過我從這件事中學到：

_____

2. 我覺得□應該 □不應該 為得到別人的認同而改變自己的標準，因為：

_____

子曰：「歲寒，然後知松柏之後凋也。」

（《論語·子罕第九》）

第六堂　尋找快樂路

由於奸臣的讒言，老師出仕的最後一線希望破滅了。

但老師卻依舊坦然，並告訴我們：「君子坦蕩蕩，小人長戚戚」……

這是一場我小心翼翼準備的彙報，我很擔心老師，很怕這個消息會給他沉重的打擊。

但是，我完全多慮了。老師的反應大大出乎我的意料！

他說：

沒關係，這樣的結局也在意料之中。今天天氣很好，走，陪我散步去吧！

這是在楚國的邊境葉地。我們在這裏已經待了很長時間，滿懷信心

地等待楚昭王召見。

　　本來就是楚昭王來接我們，我們才得以離開陳蔡的啊。但是，等了又等，一直沒有消息，於是，老師便讓我去打聽。

　　到了楚國都城後，我很快便知道楚昭王不會召見老師了，原因和其他國家一樣：一些奸臣害怕老師受到重用，紛紛向楚昭王進讒言。

　　不過也有好消息，聽說楚昭王為了顯示重視賢人，打算把有着七百里土地的地方封給老師。

　　這讓我們很高興，畢竟我們已經漂泊得太久，太需要有一個地方安頓下來了。更何況，地方雖小，也一樣能實現我們的理想。

　　然而，事情卻因楚昭王兄長子西的一番話而泡湯：「當年周文王和周武王是百里小國的君主，不過兩代就統一了天下。如今大王讓孔丘擁有七百里土地，他一貫遵循三皇五帝的遺規，效法周公的德業，加上有那麼多賢能弟子輔佐，楚國如何能保有世世代代的土地？大王的位置又如何坐得安穩啊？」

　　這樣的話，真是百次講百次靈驗。楚昭王聽後，馬上打消封地給老師的念頭。

　　我把這個消息告訴老師，本以為他會很傷心。因為我們離開魯國之後，已經周遊列國很多年了。走了那麼多國家，老師都沒有被重用。楚國是最後的希望。當這一線希望破滅，也許就意味着老師在政治舞台上，不會有什麼機會了。

　　但老師卻顯得那樣淡定，而且在和我散步時，還顯得那樣開心。他一會兒和我欣賞天上飛過的白雲和小鳥，一會兒和路邊的小孩一起笑鬧，一會兒還停下來，要我聞一聞空氣中的花香。

已經是黃昏了，經過河邊時，我們遇到一個漁夫。

老師和漁夫聊得很高興，臨走時，漁夫想將一簍魚送給老師。老師不肯接受，但漁夫說：「天氣那麼熱，市場又遠，這魚是賣不出去了，與其等牠臭爛扔掉，不如把牠獻給有道德學問的君子吧！」

老師一聽，開懷地接受了。

回到住宿的地方，老師命子路用魚來祭祀。

子路一臉的不情願：

人家不要的魚，為何老師卻用來祭祀？

顏回也說：

老師，您為什麼一開始不接受這些魚，後來不但接受了，還要用來祭祀呢？

我一開始不接受，是因為漁夫捕魚不容易。後來接受了，是因為避免浪費食物而施捨給別人，符合聖人之道。接受符合聖人之道的贈予，我們怎麼能不祭祀、不高興呢？

這令我很震撼，也很感動。我突然想起子路曾經告訴我的一件事：

主管葉地的官員名叫葉公，也算是好學之人。他不止一次向老師請教為政之道，老師的觀點對他有很大的啟發。

一天，他見到子路，便問：「你的老師到底是個什麼樣的人？」

這個問題看似簡單，卻並不好回答，老師的德行和學問可不是一句話可以概括的。子路一時語塞，於是回來問老師。

老師笑呵呵地說：

你該這樣告訴他，這個人很簡單，學而不厭，誨人不倦，發憤忘食，樂以忘憂，不知老之將至。

是啊，從老師五十六歲離開魯國，到現在已經過了十多年，老師是將近七十歲的人了。如果換作一般人，可能只是在家中頤養天年，或者即使沒病，也會一副病懨懨的模樣，打不起精神來。但老師卻真是「樂以忘憂，不知老之將至」。

老師的灑脫讓我很感慨，很多人遭到的磨難愈多，愈是心灰意冷，老師卻恰恰相反。我一直在想，到底是什麼能令他如此呢？

剛才發生的那件小事，讓我找到了答案。

傑出的人，總會從不同的角度去看待問題。漁夫將賣不出去的魚送給自己，有的人或許會惱怒，甚至覺得對方看不起自己，老師卻覺得漁夫的做法是聖人的行為，因此滿懷尊敬和歡喜地接受他的饋贈。

凡事能看到積極和光明的一面，人生就不會有順境和逆境的區分。

對一個擁有積極心態的人而言，不管是「順境」還是「逆境」，都是「佳境」！

這或許正是老師在漂泊的命運中，始終保持心境安然的原因！

不久，楚昭王去世了。我們留在楚國已經毫無意義，只好再次返回衛國——這個我們不想回去但不得不一次又一次回去的地方。再後來，我們結束了周遊列國十四年的生活，返回魯國。

在回衛國的路上，我們都感到悶悶不樂。誰都知道老師的才華，但誰都不給他機會。這對老師實在太不公平了！

聽了我的想法，老師卻說：「君子坦蕩蕩，小人長戚戚。」

子路忍不住問：

照您這樣說，君子就沒有憂慮嗎？

「君子沒有憂慮。因為君子重視品格和理想，時刻都在修行。在求道過程中，時常會有覺悟，並樂在其中；而當親身體證到聖賢教誨之後，又樂於將所得到的道德學問巧妙地運用在生活，隨意自在。因此，他有終生的快樂，而沒有一日的憂愁。小人正好相反，他們總是對名利感到患得患失。在沒有得到名利之前一直擔憂，希望得到；得到了名利之後，又唯恐失去。所以小人有終生之憂，無一日之樂。」

我們頻頻點頭。是啊，這或許就是為什麼被圍困在匡地和陳蔡時，老師還能唱歌自得其樂的原因吧！

老師總結道：

你們要記住：仁者無憂，智者無惑，勇者無懼！

十幾年的漂泊，或許改變了我們的容顏，但同時也令我們內心更加無憂無懼！

1. 孔子接受漁夫獻魚並用於祭祀的故事，見於《孔子家語‧致思第八》。2. 孔子自我評價的故事，見於《史記‧孔子世家》。

孔子智慧錦囊

人來到這個世界，都期望幸福快樂。但是許多人往往不快樂，諸如「抑鬱」、「焦慮」、「煩惱」這樣的詞，更頻頻出現在許多同學的心中和口中。

一個人痛苦太多，固然有外界帶來的不如意，但有許多痛苦，其實都是因為我們過於看重自己、看重得失所造成的。

只要我們把眼光挪遠一點，丟棄不必要的負面情緒，從過於關心自己到更多地去關心他人，我們就會成為一個「仁者」，心胸會更開闊。對於得失，我們固然要注意，但是只要盡了本分，對自己有所交代，便能每晚酣然入睡，每日踏歌前行。

手造備忘錄

1. 我 □支持 □不支持 捐贈「剩食」給有需要的人，
   因為：

   _____

2. 曾抱怨上天不公平嗎？

   □有　□沒有　□難免有一點

   雖然這件事令我感到失望，因為：

   _____

   但這件事又超出了我的期待，因為：

   _____

   我希望明天的生活會這樣：

   （畫一畫）

子曰：「君子坦蕩蕩，小人長戚戚。」

（《論語·述而第七》）

葉公問孔子於子路，子路不對。

子曰：「女奚不曰，其為人也，發憤忘食，樂以忘憂，不知老之將至云爾。」

（《論語·述而第七》）

子曰：「知者不惑，仁者不憂，勇者不懼。」

（《論語·子罕第九》）

杏壇學生守則二

① 命運關上一扇窗時，也會打開一道門

② 忍辱，才能負重

③ 笑是困境的通行證

④ 做一只偉大的「喪家犬」

⑤ 遭遇絕境的人，沒有悲觀的權利

⑥ 君子坦蕩蕩，小人長戚戚

第 叁 班

缺點出沒注意

大多數人都想改變世界，但卻很少有人想改善自己。

孔子老師虛心地接受學生批評，奏出了難得的好曲子；子路無法根本地改變衝動的個性，結果招來殺身之禍；我向孔子老師學習《易經》的「謙卦」，向同學徵求意見，結果讓自己脫胎換骨⋯⋯

這充分說明：其實，一個人愈能戰勝陳舊的自我，愈能創造全新的自我，愈能成就有所追求的自我。

愈能改善自己，也愈能影響這個世界。

第一堂

老師竟生邪念？

老師彈琴時，卻被曾參聽出有「貪狼之心、邪僻之行」；老師去武城考察，開了一句玩笑，立即被子游指正。

老師虛心接受批評，並不斷修煉自己的心靈，最後在月夜為大家彈出了一曲令我終生難忘的天籟之音。

一曲完畢，我們全都呆了，久久沒有作聲，之後，給了老師最熱烈的掌聲！我得承認，儘管我聽過多次老師彈琴，但他為我們演奏的這一次，是最震撼我心靈的一次。

曾參說：

老師，聽說您在齊國聽《韶樂》，三個月不知肉味，我聽您彈的這首曲子，恐怕是四個月也不知道肉味啊！

子游則誇道：

> 老師，您教我們音樂，也讓我們以音樂去教化更多的人。聽了您剛才彈的這一曲，我想：不知有多少邪惡之徒會不再從惡，而多少普通人會爭當君子啊！

這是在武城，也是子游管理的地方。

一輪明月掛在中天，清風徐來，聽到如此讓人賞心悅目的曲子，我真感到生活是無限的美好！

老師也是滿臉笑意，說：

> 你們過譽了，但這一曲能使你們開心，我也格外開心啊！

他看了看我們三人，很親切地說：「要知道，在彈奏這首曲子時，我要求自己心無雜念，發揮最佳水準。因為，這曲子既是為了感謝你們三位，同時也是為了接受你們的檢驗！」

這話既讓我們受寵若驚，又困惑不解。

老師先看了看我和曾參，說：「還記得上次我彈琴時你們聽出我心中的邪念嗎？我首先要感謝你們，全因你們的提醒和警示，我之後才不斷

加強內心的修煉。」

我突然想起來了，當時的情景立即浮現眼前。

那一天，我經過老師房門外，發現曾參站在門邊，似乎在偷聽什麼。

對曾參這個人，我向來沒有太多好感，一看到他那副傻頭傻腦的樣子，當即忍不住喝問：「你幹什麼？」

「噓！」

他將手指放到嘴脣邊，示意我別出聲，然後輕聲說：

老師在鼓瑟，可你聽那聲音，很不對勁啊！

我一聽，可不是嗎？這聲音太邪門了，根本不像是老師在鼓瑟。

一曲終了，我看着曾參，曾參也看着我，都覺得難以置信。

曾參說：

天哪！老師的瑟聲中竟有貪狼之心、邪僻之行！

這我也聽出來了，於是敲了敲門，沒等老師回答，就走進去。

老師還在鼓瑟呢！抬頭見到我們徑直進來了，一臉驚訝。想必是看到了我們臉上奇怪的表情，老師將瑟收起，等着我們說話。

我顧不得旁人，就將曾參剛才的話重複了一遍。

老師聽完，不禁長歎一聲：

你們都是賢人啊！我剛才動了一個小小的邪念，就被你們聽出來了！

老師的坦然，既在我們意料之中，也在我們意料之外。意料之中，是我們的確從老師的瑟聲中聽出了問題；意料之外，是老師竟然承認得那麼坦然。

老師告訴我們，剛才他在鼓瑟時，一隻老鼠走出來，被老貓看見了，追趕之中，都爬到了房樑上。老鼠很狡猾，躲來躲去，老貓怎麼也抓不着。

老師替老貓着急，不知不覺忘記了原來的曲子，竟然以瑟聲去鼓勵和督促老貓抓鼠。而這些情緒，都在瑟聲中流露出來了。

老師說，自己剛才鼓瑟的時間並不長，但沒想到因為動了那麼一會兒的邪念，就從瑟聲中體現出來，並被我們聽到了。

原來是這樣啊！我們不由得笑起來。既然不是真有什麼不良之心，也就沒什麼了。

老師卻很嚴肅地說：「不能這麼寬解自己。我一直提倡音樂對人的教化作用，而音樂體現的是人的心靈。心不正，樂就不正。我怎能不時刻警醒自己呢！我要加強內心的修煉，否則不僅不會進步，反倒會在不知不覺中退步啊！」

自從那件事後，我們發現老師不僅在彈琴鼓瑟時再沒出現過類似的情況，而且在為人處世方面更加謹言慎行。

這件事子游並不知道，後來我講給他聽。子游聽了不斷點頭，並問老師：

那麼，您為什麼說還要感謝我呢？

老師回答說：

因為我們來武城時，我說話不得體，你指出了我的錯誤，我怎能不反思，並下決心改正呢？

這又是另外一個故事了。

最近一段時間，老師不斷宣傳「禮以修外，樂以修內」的觀點，並向魯國執政者呼籲重視音樂的教化功能，慢慢引起了一些官員的重視。

魯國的音樂本來很出色，但後來由於政治不修明，對音樂也愈來愈不重視，致使樂師紛紛出走。現在，老師訂正詩樂，使雅詩、頌詩都能配入原來應有的樂部，於是樂師又紛紛回來了。

而最值得一提的是，老師年輕的弟子子游被任命為武城負責人後，將老師的詩化、樂化教育加以實踐，效果非常理想。

武城位於魯國東南邊陲，是個偏遠之地。當地民風和地名十分相配，皆予人勇猛粗豪之感。子游最擅長的是文學，甚至被老師譽為文學科弟子之冠。如今他到這裏做官，要教化好這裏的百姓，真不是件容易

的事！

但我們到武城後，發現這裏不僅經濟繁榮，而且人與人之間的關係都很親密，個個都很有禮貌。

子游前來迎接我們，一路上，他不時向迎面走來的人點頭打招呼，並詢問他們的近況。大家對他既客氣又熱情，看得出來，他是個深受大家歡迎的好官。

當時天色已晚，武城燈火通明。突然，到處響起悠揚悅耳的琴瑟之音、歌聲和頓挫有致的誦讀詩歌的聲音。

這真是個老百姓其樂融融的地方啊！一瞬間，我有一種錯覺，彷彿這裏不是魯國的邊陲小城，而是杏壇。

於是我問子游：

以前武城不是這樣的吧？

子游笑了笑，說：

那當然。我把老師倡導的東西在這裏實踐後，才變成這樣的啊！

沒想到，老師聽了那些詩歌聲和音樂聲，微微一笑，說：

殺雞何必用牛刀？

我們都一愣，隨即忍不住哈哈大笑起來。

我想老師說的也是，像這樣的詩歌和音樂教育，哪值得在這麼偏遠的小山城大張旗鼓地推行呢？

但一向對老師十分尊敬的子游，這時卻非常嚴肅地反駁老師：「從前老師講過，做官的人學習禮樂，就會對人有仁愛之心，老百姓學習禮樂，就容易聽從指使。所以我到武城後，最重視的工作之一就是禮樂教化，才得以在不到一年的時間內，把武城變得官清吏潔、百姓大化啊！老師怎麼這樣說呢？」

老師的笑容僵住了：

對不起，我剛才是開玩笑的。

但子游說：

老師，您的話，我們都嚴格遵守，並用來指導實踐，這樣的玩笑，希望您最好不要開。

我當時想，子游真不懂事，老師都已經認錯了，何必咄咄逼人呢？

但老師馬上認真道歉：「子游的話是對的。儘管是開玩笑，但我的內心深處，難道沒有真正瞧不起音樂教化的作用嗎？或者沒有瞧不起普通民眾通過音樂、詩歌教化來提升自己品性和情趣的念頭嗎？我一面要大家推廣音樂的教化作用，另一面當普通民眾真正開始熱愛音樂時，我又說這樣的風涼話。這說明我的心靈也不純淨啊！我也要加強修行，以達到更高的境界。」

我深深地為老師這種無懼他人指出缺點的心胸而感到折服，更佩服他能聞過則改。於是，大家的話題就從音樂本身轉到如何面對自己的缺點，如何面對他人的意見上面。

老師給我們講了這樣一個故事：

申徒嘉因受刑罰被斬去了腳趾。他和鄭國的宰相子產拜同一人為師。一次，子產出門，申徒嘉也要和他一起出去，子產冷冷地說：「我是宰相，而你是受刑致殘之人。你不可以和我一同出入，以後也不可以和我共坐一塊蓆子上。」

申徒嘉很驚訝地說：「我本來以為你是道德修養很高的人，所以才和你一同出入，一同坐蓆。想不到你居然說這種話！」

子產急了：「你這個殘廢的人，不先反省自己的過失，竟來責備我？豈有此理！」說完便揚長而去。

見此情景，申徒嘉對人感歎地說：「肯承認自己過失的人實在太少了。我從前犯過錯，受到刑罰，所以才拜在老師門下學習。十幾年來，我完全忘記了自己是個殘廢的人，我和子產原是以道德為友，想不到他仍然斤斤計較我的形體。」

子產知道後大為慚愧，於是向申徒嘉道歉：「我錯了！我以後一定會尊重您！」

自此以後，子產果然說到做到，不僅不再和申徒嘉拉開距離，還經常和他探討學問。這使子產贏得眾人的稱道，同時從申徒嘉那裏學到了很多學問。

講完這個故事，老師說：「對待別人所提的意見，有兩種態度，一種是積極聽取，堯舜、周公等都是典型；一種是用漂亮的言詞掩飾自己的過失，甚至對提意見的人嚴加懲罰，夏桀、商紂就是代表。其結果是，能正確對待別人的意見，總能取得成功，相反卻只會失敗。」

最後老師說：「我很珍惜你們所提的意見，並且覺得很幸福。因為我一有過錯，周圍總有人發現，並向我指出。」

子游說：

只有老師這樣的心胸，才能發自內心感謝別人提意見！這令我學會對待別人的意見，不應該覺得難受，而要把它當成提高自己修養的好時機！

老師的話讓我很激動，老師不僅給我們樹立了謙虛的典範，也樹立了修行的榜樣。

就在老師彈琴並跟我們交流時，很多武城的百姓都聚攏過來了。

一位白髮飄飄的老先生很激動地說：「剛才聽到這麼美妙的琴聲，大家都不約而同過來一起傾聽。這才知道彈琴的竟然是我們魯國最有名的

孔丘先生啊！」

　　一位中年漢子說：「我們不僅享受了從沒聽過的美妙琴聲，而且從剛才你們師生的交流中，知道了老先生怎樣要求自己。先生的做法，是我們學習的好榜樣啊！」

　　老師當即謙虛地表示：「這是應該的，樂為心聲，不加強自己日常生活的修行，怎麼會有顯著的提升呢？一個奉獻美給別人的人，自己的心靈應該更加美！這就需要在言行舉止、起心動念中修煉啊！」

　　這時，有一個年輕人提議：「既然先生和他的弟子在一起，我們請他們合奏一曲，讓大家開開眼界如何？」

　　他的倡議立即得到大家的響應。這時子游說：「大家這樣看得起老師和我們，我們深表感謝。不過我們何不一起唱歌，一起同樂呢？」

　　大家紛紛叫好。於是，在明月的照耀下，老師開始撫琴，大家一起唱歌，個個如醉如癡。

　　我看着天上的明月，不由得想：老師的心靈，就像這輪明月，正因老師能不斷地修正自己心靈中的瑕疵，才能這樣光滿乾坤啊！

1.孔子彈琴被聽出有「貪狼邪僻」的故事，見於《韓詩外傳》。2.孔子向子游認錯的故事，見於《論語‧陽貨第十七》。

孔子智慧錦囊

　　一個人能否善待別人提出的意見，是胸襟是否廣闊的標誌之一，也是能否讓自己有所成長的標誌之一。

　　所以，傑出的人都像孔子那樣，聽到別人的批評，不僅不難受，反而覺得很幸運，聞過則喜，聞過則改，即使別人的觀點未必都對，也能做到「有則改之，無則加勉」。

　　與此相反，有些人卻害怕和討厭別人的批評，聞過則隱（隱瞞），聞過則怒（發怒），聞過則鬥（反擊對方）。

　　這兩種態度，讓人想起一則寓言：

　　深山裏有座廟。夜深了，大家都已入睡。殿前的石階和大殿上的石佛開始對話：

　　石階十分氣憤地對石佛說：「你我同出一個山頭，材質都一樣，而且同出一個師傅的雕琢，可是我沒有想到，卻有這麼大的差別！你是何等風光，日受千人貢，夜受萬盞燈。而我呢，卻要忍受千人踩萬人踏，這世界實在太不公平了！」

　　石佛回答說：「你講得很對。我們是同出一個山頭，材質都一樣，而且同出一個師傅的雕琢，但是你知道嗎？當初師傅雕琢你的時候，你是那樣怕疼，每捶一下刀鑿，就要痛得大叫。師傅只好在你的背部稍作平整，把你做成石階。而我呢，儘管每捶一下刀鑿都很疼，但我都忍受了。所以師傅才放開手腳來雕琢我。所以才有了今天人們踩着你來拜我的結果啊！」

　　是啊，人非聖賢，孰能無過？即使最出色的人也有缺點，也會犯錯。當別人指出我們的缺點、批評我們的時候，我們怎能不接受這樣的「雕琢」呢？

　　其實，遭遇「不」，正是給我們再度成長的機會；

　　對你說「不」的人，也許是成就你的貴人；

　　讓你難受的那雙手，也許正是成就你的那雙手。

手造備忘錄

1. 我的字跡有兩種：

專心寫字的字跡	分心寫字的字跡

兩種字跡有不同嗎？為什麼？

_____

2. 我的父母、老師和朋友曾經說過這些話指出我的不足之處：

我覺得：

☐ 不知所措　　☐ 氣餒　　☐ 被激怒

☐ 被驚醒　　☐ 其他：_____

我想我是不是應該：

_____

子貢曰：「君子之過也，如日月之
食焉：過也，人皆見之；更也，人
皆仰之。」
（《論語・子張第十九》）

危險啊子路！

　　　　子路在衛國的政變中死了，他死得悲壯，也死得很不值得。

　　　　反思他為何會有這樣的結局，會發現這和他沒有徹底挑戰自己的弱點有關。

我們正聚精會神地上課。

突然，門「砰」的一聲被撞開了。

誰這麼無禮啊？

一瞬間，我發現老師臉色大變，那絕對不是受到一般驚擾後的神情。

我趕緊朝門口看去，原來是在衛國當官的師弟子羔回來了。

他顯得十分狼狽，神情極為悲戚。

所有同學都驚呆了，有的甚至叫出來。

一向處變不驚的老師用眼光不斷向子羔身後搜索，當他確定子羔是獨自回來時，臉一下子白了，連忙問：

子路呢……子路怎麼沒有和你一起回來?

聽了老師的話,子羔忍不住失聲痛哭:

老師,子路……子路他……

老師一聽,身子一歪,差點暈了過去,幾位師弟立刻上前扶住老師。

「先別說了,我們進屋再談。子貢、子羔、子夏、南宮适,你們進來,其他同學先下課。」

我們將老師扶進內室,給他倒了杯熱茶。看得出來,老師強行壓抑着情緒,端茶杯的手一直在顫抖,好幾次茶水都灑了出來。

屋裏的空氣似乎凝固起來。良久,老師咬了咬嘴唇,似乎下了很大的決心說:

子羔,你辛苦了。說說衛國動亂的情況和子路是怎麼死的吧!

這怎麼可能?儘管有不祥的預感,但老師的話還是讓我大吃一驚。

半年前,子路師兄再次回到衛國擔任官職,怎麼突然之間會發生這

麼大的變故？

子羔看着老師，似乎不忍心開口。

這時站在一旁的小師弟子夏小聲地說：

子羔師兄，你說吧，老師已有心理準備。前幾天，聽說衛國發生政變，老師就說：「子羔馬上就要回來了，但子路可能會死掉。」

前幾天我不在，所以並不知道有這樣的事。

老師說，子羔外表愚鈍，但頗有明哲風度，遇到危難，定然能權衡輕重，從容避害；而子路天性勇猛，只知往前闖，不懂得思前想後，說不定會死於衛國之亂。

子羔一聽，眼淚又掉下來了，從他的講述中，我們知道了子路遇難的前後經過。

在周遊列國時，衛國的國君請老師推薦人才，老師當時推薦了子路。衛君便讓子路管理蒲市。（可參看《處世秘笈》第貳班）他幹得出色，後來他又回到魯國，再次跟隨老師學習。

但子路在衛國的政績，引起了衛國宰相孔悝的密切注意。孔悝十分

器重他，再三派人到魯國邀請子路回衛國。

老師並不希望子路回去，理由是衛國太亂了，怕他捲進鬥爭的旋渦中無法自拔。但子路覺得盛情難卻，加上他也很想施展政治抱負，於是再次到了衛國，當孔悝的家臣。

此時的衛國政壇已是險象環生。幾年前，衛靈公去世，照理應由太子蒯聵繼位。但衛靈公仍在位時，蒯聵作亂，衛靈公因此廢了其太子之位，讓蒯聵的兒子繼承王位，即衛出公。

蒯聵後來流亡到晉國，但一直念念不忘返回衛國。衛靈公死時，他就提出回國，但被兒子衛出公拒絕。於是蒯聵便和自己的姐姐孔姬，也就是孔悝的母親一起密謀推翻衛出公。

在一個月黑風高的晚上，孔姬命人將蒯聵偽裝成女人的模樣，偷偷混進宰相府，之後以迅雷不及掩耳之勢，派兵攻佔了王宮。

這樣一來，衛國都城大亂。衛出公嚇得魂飛魄散，收拾細軟珠寶，帶着家眷連夜逃走了。

羣臣無主，頓時亂成一鍋粥。子羔認為再待下去會有生命危險，於是決定立即逃出衛國，並跑去通知子路，讓他也盡快離開。

子羔和子路在城門外相遇，這本該是離開的最好機會，但子路一聽說衛國內亂的消息，竟然二話不說，趕着去「救國救君」。

內亂時刻，別人都往外跑，子路卻往城內跑。子羔苦口婆心地勸他不要白受其禍。但子路執意要去，還慷慨激昂地說：「拿人家的俸祿，就得管人家的災禍，就須不避其難。」子羔不放心，只好遠遠地跟着他。

子路找到蒯聵時，蒯聵正在一個高台之上。蒯聵向來對子路的勇猛有所耳聞，因此勸他支持自己登上王位。

不料子路大怒，站在台下大罵蒯聵。蒯聵惱羞成怒，當即命令三名年輕的武士和子路交戰。

子路力敵三人，開始還略佔上風，但體力漸漸不支，最後，他的帽帶被削斷了，一隻手臂也被砍了下來。

蒯聵再次勸他投降，子路卻回答說：

 只有戰死的子路，沒有投降的子路！

蒯聵向三名武士示意，於是他們又揮舞着大刀向子路衝來。

子路一躲閃，帽子掉在了地上。

此時，也許子路已經知道自己劫數難逃，於是大叫一聲：

 住手！

武士停住了，蒯聵和孔悝也都看着他，以為他終於想通了，想要投降屈服。

誰知子路竟然將劍扔在地上，大聲說道：

 君子不能狼狽地死去，讓我正冠而死！

說完，他撿起帽子，從容地戴在頭上，用那隻還完好的手艱難地將纓帶繫好，然後端端正正地坐下來，等着死亡一刻的到來。

就在這時，三名武士手中的劍同時刺進子路的胸膛。蒯瞶冷酷地揮了揮手，武士竟然以亂劍將子路剁成了肉醬。

子羔說到這裏，已經泣不成聲。

我十分敬佩子路不避危難的勇氣，以及臨危不失禮的風範，這樣的做法，除他之外，有誰做得到？

可想到他死得如此悲慘，淚水如決堤的河水般湧出來。

而老師早已淚流滿面。他閉上眼睛，一遍遍輕輕地叫着子路的名字，那一聲聲，就像錘子一樣錘在我的心上。

我心如刀絞，不僅因為失去一位情同手足的師兄，也為老師在垂暮之年還要經受這樣的打擊而感到難過。

不知道過了多久，老師終於坐了起來，他歎息道：

子路的今天，其實是早有兆頭的啊！

老師談到子路種種長處時，也分析了子路的短處：莽撞衝動，有些固執、鑽牛角尖。

比如有一次，老師感慨地說：「如果我的主張行不通，我就乘上木筏到海外去。能跟從我的大概也只有子路吧！」

子路聽了老師的話，顯得特別開心和驕傲。

看到這種情景，老師不由得補上一句：「不過，子路你太好勇，什麼

都不怕，膽子之大勝過我，這就沒有什麼可取的了！」

　　還有一次，老師因為顏回做事非常出色，便再三讚揚了他，這讓子路很不痛快，於是說：

老師眼中只有顏回，我想問您，如果去打仗的話，您願意和誰共事？

　　他的意思是這種事老師顯然離不開他，但老師卻嚴肅地說：

空手打老虎，徒步過大河，死了也不後悔的人，我是不會和他共事的。

那您要和怎樣的人共事呢？

同我共事的人一定是遇事謹慎小心、喜歡思考問題而能夠完成使命的人。

老師的話，就是想讓子路改掉莽撞衝動的個性，遇事三思而後行。我知道，這些話當時對子路還是有所觸動的，他也嘗到了這樣做的好處，甚至因此避過製造一場天大的災禍。

有一次，離家很久的子路回去看望妻子。到家的時候，已經是深夜了。他突然想：我離家這麼久，妻子在家不知是否守住了貞潔，正好檢驗一下。於是他沒有敲門，而是直接翻過牆，用刀尖撥開門閂走進妻子的臥房。

藉着朦朧的月光，他發現牀上除了妻子，還有一個人。這下讓他不由得怒火中燒，舉起刀就想砍向兩人。

就在此時，他想起了老師的叮囑：任何時候都要冷靜，三思而後行。於是他強壓住怒氣，放下手中的刀，點起了燈。結果發現和妻子睡在一起的不是別人，而是自己的妹妹。

妻子和妹妹見到他非常高興。妻子告訴他：他長期離家在外，自己常常感到孤單和害怕，便讓妹妹每晚做伴。

子路心中連呼好險，慶幸關鍵時刻想起老師的話。

如果他能以此為鑒，徹底改掉盲目衝動的缺點，該多好啊！遺憾的是，這才沒過多久，他又把老師的話忘得一乾二淨，既不知道如何避開無謂的犧牲，又盲目衝動，最終葬送了性命。

這時，老師長歎一聲，好像子路還在身邊一樣，說：「子路啊，我在給你們講忠孝節義時，特別提醒你們：『君子不居亂邦，不立危牆之下。』這不是奸猾，而是為人處世的常識。你何苦只知為他人赴湯蹈火，卻不愛惜你寶貴的生命呢？」

老師的話使我深思。是啊，這些觀點都是老師平時講過的，但我們

往往把它們分裂來看，實際上這些觀點是完全統一的。我們以後學習要更懂得全面認識才行。

老師的話，讓年輕的子夏有所不解。他問：

 老師，您一直教導我們忠孝節義。我覺得子路雖然死得可憐，但也是求仁得仁，死得其所啊！

老師看了看子夏，說：「子夏啊，你不了解衛國的情況，才會有這樣的疑問。」

說完，老師轉過來問我：「子貢，你還記得當初衛出公即位，蒯聵卻要回國，你們勸我去做官的情景嗎？」

我當然記得。衛靈公在位時，老師沒有受到重用。後來衛出公即位，同學覺得這是老師出仕的新機會，都勸老師去衛國施展抱負，老師卻拒絕了。

老師一直希望出仕，他拒絕到衛國的確很反常，也引起了我們的種種猜測。老師問我：「子貢啊，你知道我不出仕的原因嗎？」

我回答說：「也許是老師這些年在魯國遇到挫敗和周遊列國後，看透了那些君王的沒落和腐朽，所以不願意再為官吧。」

老師說：「有道理，但並不全面。坦白講，如果有合適的機會，我今天還願意出來為官。我之所以不到衛國，一個十分重要的原因是衛國情況太混亂了。衛靈公荒淫，兒子蒯聵不滿父親而造反，最後逃到國外。而他的兒子登上王位後，堅決不肯將王位讓出來。他們為的是爭權奪

利，而不是正義是非。你們說是不是？」

我點了點頭。老師接着問我們：

剛才子夏說得非常好，求仁得仁。那麼我們就要問，如果我們犧牲生命，最後卻只是陷入一場宮廷的爭鬥中，真的是求仁和得仁嗎？

老師就是老師，他懂得循循善誘。

這下我可以得出自己的結論了，我說：「仁者的生命，只能用於從事仁的事業，就是為社會造福，而不是捲入政治的權謀與宮廷的鬥爭之中。如果因為捲入這些鬥爭而受損害甚至丟棄生命，這不是求仁得仁，而恰恰是與仁的本意相距很遠啊！」

老師聽了不斷點頭，並對子夏講了這麼一句話：

子夏啊，一定要有君子之儒，而不能有小人之儒啊！

老師又說：「修身養性，不僅牽涉到能否治國安邦，也牽涉到個人的成敗生死。修身養性，就是要向自己的弱點挑戰。如果你縱容自己的弱點，就會倒在這個弱點上啊！」

這樣的觀點，不僅觸動子夏，也觸動了我。我深深地歎息：這樣的

觀點，如果子路師兄早點知道該多好啊！

這時候，一位小師弟端了一罐東西進來，說：「老師，您先休息一下，吃點東西吧！」

老師年紀大了，講課很容易感到疲倦，同學都會在老師講課的間歇煮點東西給他吃。

「老師，這是最好的肉醬，您吃點吧！」

「什麼？」

老師一下子有點失態，他一邊站起來，一邊指着小師弟罵道：

「子路都被砍成肉醬了，你還讓我吃這種東西啊？快倒掉！我一輩子都不要看見這樣的東西了……」

看老師發那麼大的火，小師弟嚇壞了。但我知道這不關小師弟的事，於是趕緊示意他離開。

小師弟走了，筋疲力盡的老師又開始躺在牀上休息。我又不由自主地想起子路人生的最後畫面。

我這位最可愛的師兄，坦率真誠，學習認真，從一個粗野的人變為懂知識、懂音樂的文明人，還能擔任一方的行政官員，這一路走來，是何等的不易。可是現在他屍骨無存，讓我覺得無限悲傷。

我對自己說：「子貢，不要縱容自己的缺點，要記住子路用生命換來的教訓啊！」

1. 子路死於非命的故事，見於《史記‧仲尼弟子列傳》。2. 孔子不忍食肉醬的故事，見於《孔子家語‧曲禮子夏問第四十三》。

成長的過程，其實就是和自己的缺點正面對決的過程。不妥協地與自己的缺點作戰，就能讓自己愈來愈優秀，愈來愈能立於不敗之地；放縱自己的缺點，就是容忍自己跌倒或失敗。

一代武術巨星李小龍，把博大精深的中國功夫推廣至全世界，在電影中塑造了一個個打遍天下的強者形象。李小龍與子路一樣，具有中國傳統俠義精神，常路見不平拔刀相助，但亦同樣有其缺點。李小龍的個性率直，不畏強權，曾自誇是「全世界最健康的人」，可惜年僅三十三歲便猝然離世。有人將其死因歸咎於練功過度，為練就一身超乎常人的體能，他不斷接受高強度的鍛煉，導致身體難以負荷。這位打敗了無數武林高手的絕世英雄，最終卻沒有打敗自己好勝逞強的缺點。

迎接人生的任何挑戰，是為了贏誰？是要先贏自己！能戰勝自己，控制住自己，就有機會成為真正的贏家。

孔子曾有句名言：「小不忍則亂大謀。」道理是這麼說，可是要做到「忍」，又何等之難！關鍵是要向自己挑戰，不向自己的缺點妥協。所以他又說：「過而不改，是謂過矣。」——「有了過錯而不改正，這才真叫錯了。」

學會徹底向自己的弱點宣戰吧！姑息自己的弱點，也許某一天就倒在這一弱點上！

手造備忘錄

1. 我認為子路的死 ☐有價值 ☐無價值，因為：

_____

2. 如果我是子羔，我會這樣勸阻子路勿身犯險境：

3. 我覺得自己有這些不足：

☐膽怯　　　☐沒定性　　　☐沒記性

☐做事馬虎　　☐急躁　　　☐其他：_____

改善這些不足對我來說困難嗎？

☐非常困難　　☐可以一試

因為：

_____

子路曰：「子行三軍，則誰與？」
子曰：「暴虎馮河，死而無悔者，
吾不與也。必也臨事而懼，好謀而
成者也。」
（《論語·述而第七》）
子曰：「篤信好學，守死善道。危
邦不入，亂邦不居。」
（《論語·泰伯第八》）

被批評的勇氣

老師通過《易經》教授我們人生的智慧。
其中的一課，竟讓我脫胎換骨……

在得知子路的死訊後，老師一直臥牀不起，彷彿大病了一場。

幾天後，當老師再次走上講壇時，彷彿蒼老了十歲。

老師說：「子路這樣的結局，固然和他的性格有關。但這幾天，我也在反思以往對你們的教育，其中有明顯的不足。我教過你們很多仁義的道理，卻沒教你們結合智慧運用仁義的做法。這是我再三思考《易經》後才體會出來的。」

小師弟商瞿說：

最近老師研究《易經》，把穿竹簡的牛皮繩子弄斷了三次，老師的研究頗有心得呢！

這時，我聽老師用十分肯定的語氣說：

> 是啊，假如我能從五十歲開始就好好研習《易經》，那麼就可以沒有大的過失了。如果子路真正掌握了《易經》的智慧，也就不會有這麼悲慘的結局了。

對《易經》的「易」，老師總結了三重含義：

一是不易。即根本的大道，是不會改變的。

二是簡易。最重要的往往是最簡單的。《易經》的六十四卦，都從乾坤兩卦推演出來。「乾以易知，坤以簡能。易則易知，簡則易從。」這都說明了簡易的價值。

三是變易，即變化。可以說，《易經》主要研究的是事物的變化，它的核心理念是：變化是唯一的不變。

老師強調說：「我要格外提醒大家對『變易』的重視。學習《易經》，有幾點要明確：吉凶者，得失之象也。悔吝者，憂虞之象也。變化者，進退之象也。人在世上要站得住腳，甚至取得一番成就，關鍵智慧之一，就是要洞悉進退。智者之道，可以說是進退之道，也就是根據事物的變化來決定自己的進退。」

老師頓了頓，接着說：「舉例來說，早年衛國的政治環境相對較好，我便主動推薦子路去從政，他將蒲市治理得非常出色。但後來衛國出現父子爭奪王位，亂象叢生，我們就要警惕了，不要輕易捲進這種互相傾

軋的旋渦中去。而子路竟然不退反進，最終引來殺身之禍，很大原因就是不懂得根據『變易』來決定自己的進退所釀成的悲劇。你們說是不是這樣呢？」

聽到這裏，我有一種豁然開朗的感覺。老師的話，激起了我們學習《易經》的興趣。這時，有一個同學問：「老師，據我所知，《易經》是一本占卜的書，那您還會教我們占卜嗎？」

老師卻回答：

我要送你們一句話：「善易者不卜。」我所教的並不是占卜，主要是對人生的指引，這是人人都需要掌握的，同時也是人人都可以掌握的高級智慧。

老師的話深深地打動了我，我們都是凡人，如果能以《易經》的道理去指引自己的人生和事業，在平易的地方學習這樣的智慧，不是很好嗎？

於是，我開始跟隨老師好好學習《易經》，而且積極地與老師討論，多次受老師表揚。

但今天，我剛進教室，就好像被潑了一大盆冷水！

一位小師弟悄悄地對我說：「子貢師兄，昨天你沒來上課，老師說：『我死了以後，子夏會愈來愈長進，子貢會愈來愈後退。』」

不可能吧，這段時間我除了認真學習，就是在為魯君做一些力所能

及的工作，也沒有做什麼出格的事，老師怎麼會這樣說呢？

我問其他同學，他們都點頭說老師的確這麼說。這使我有點憤憤不平，於是決定找老師問個明白。

剛走到門口，就差點和老師撞個滿懷。我正想開口，老師卻說：「你要去哪裏？該上課了。」

我強忍住不滿，回到座位上。

今天上課有些走神，但老師的話很快又把我吸引住了：「今天我們繼續講《易經》，它有八八六十四卦，其卦象顯示出來的，分別是吉凶悔吝。吉是吉祥，凶是凶險，悔是後悔，吝是困難。這四者中，只有吉是好的，其他三種都不好或者不太好。」

「六十四卦中，有六十三卦都有缺陷，但唯有一個卦，卻是六爻都吉。大家知道是什麼卦嗎？」

我們一個個洗耳恭聽。

「這一卦是謙卦。謙卦的卦象，是高山隱藏於地中，象徵高才美德隱藏於心中而不外露，所以稱作謙。謙虛的美德可以使百事順利，但謙虛並不是人人都能做到的，只有君子才能將謙虛的美德堅持下去。」

老師的話令我若有所思，於是我問老師：

我聽說您評價子夏以後會不斷長進，而我會愈來愈退步，是這樣嗎？

氣氛一下子變得有些緊張。

你一定覺得奇怪，為什麼我前幾天剛表揚你，轉眼又說你會愈來愈退步？

我點了點頭。

老師看看我，若有所思地說：「子貢啊，你常常和同學爭論，甚至要壓過一些年輕的同學，是不是這樣？」

不錯，但僅僅是爭論，老師不必那麼在乎吧？

「我再問你，我曾經感慨地說當年和我周遊列國的很多學生都不在身邊了，你就驕傲地說，你是碩果僅存的幾個人之一，並不時炫耀當時的經歷，有這回事嗎？」

「有。」

「你經常評論不如自己的人，是不是？」

「是。」

我突然羞愧起來，老師真是一眼就將我看穿了。

作為跟隨我最久的學生之一，你是不是更應該體現師兄的風範，更厚道地對待比你年輕的同學呢？

我低下頭，羞愧得無話可說。

老師接着說：「我說子夏會不斷進步，因為他經常找自己的不足，而你呢，經常找別人的不足。一個經常找自己不足的人會不斷進步，而一個經常找別人不足的人會不斷退步。這就是謙虛的重要啊！學問愈增長，愈應該謙虛。用謙虛的心接受別人的教誨，才能讓自己知識飽滿。有所成就便開始驕傲，這樣的人總是不能長久存在啊。」

這時以賢達著稱的冉伯牛師兄問：

老師，我們已經開始懂得謙卦的價值了，那麼從您的人生經歷來看，能告訴我們為什麼您那麼看重謙虛的品德嗎？

老師含笑點了點頭，談到一次多年前見老子的經歷。

當時老子是國立圖書館的館長，兼任記錄國家歷史的史官。老師見到老子，便開始向他請教「禮」和古代制度。

老子一一作答。就在老師要告辭時，老子對他說：「會做生意的商人，不會把所有商品都擺在店裏，所以一眼望去，好像存貨不多。同樣的道理，如果是真正的君子，雖然他具有良好的德行、超人的智慧，外貌卻看似愚笨。至於你，對本身的學問過於自負，有點傲氣，其他的欲望也太多，最好能先把這一點改掉。」

老子的話對老師啟發很大。那時候，老師很有理想，也頗具能力，當然也很自負。這份自負可能從某些言談舉止體現出來，也被老子一眼就看出來了。

不久，老師聽到有關老子的另一個故事，這讓他對謙虛的價值有了更深的認知。

多年前，一位叫陽子居的能人，聽說老子旅居附近，便慕名前去拜見。老子對陽子居觀察一番後仰天長歎：「我原以為你是可以教誨的，現在看來，並不可教啊！」說完就走了。

陽子居沒有作聲，只是默默跟着老子來到旅舍，然後虔誠地向他請教自己到底哪裏做得不對。

老子說：「你昂頭仰視，一副傲慢的樣子，誰敢與你相處？廉潔清白的人會覺得自己身上像有污濁，德行盛美的人會感到自己有許多不足。」

陽子居聽後深感慚愧，決定在旅舍住下來，虛心請教老子，老子也認真地向他提出建議。短短幾天，陽子居已感到大有收穫。

陽子居剛到旅舍時，由於名氣很大，旅舍的人都出來迎接他，店主恭敬地為他安排坐席，店主的妻子端着洗漱用具低頭進奉，先坐在室內的人站起來讓座，一個個都對他敬而遠之。

受老子的影響，陽子居住了一段時間後，變得平易近人，大家也慢慢地接近他，不再感到拘束，甚至開始和他爭席而坐。這種改變，不僅讓陽子居更受大家尊敬，而且在提升自身品行修養和學識方面，也有很大的幫助。

老師說，老子的話和這個故事，給了他很大的啟發，從此下決心修正自己的言行，把謙虛當成最重要的品格之一來修煉。

這個故事讓我思索良久，不由得開始反思自己平時的一些言行。儘管我很能幹，但經常有同學私下裏說我傲慢。儘管我表面上個性隨和，好像能夠和人打成一片，但同學中真正成為我朋友的又有幾個呢？看

來，人必須有謙虛的品格啊！

不僅如此，我突然意識到：不謙虛，是我多年以來的毛病，雖然別人曾多次指出，老師也教育過我，但是這根子還在我的心底。這真是「本性難移」嗎？

我想起子路的經歷，他並非不知道衝動的代價，他也曾改進自己。但由於沒有在根本上挑戰自己的弱點，結果還是倒在這個弱點上了。如果我不徹底挑戰自己的弱點，類似的悲劇會不會也發生在我身上呢？

及後，我做了一個出乎大家意料的舉動——我站起來，誠懇地請大家幫助我，指出我的缺點。

坦白說，這種事情我以往是絕對不做的。我向來心高氣傲，對這些年紀比我小的師弟，我從來不屑與他們談論，更不要說向他們請教了。

一看大家都不吱聲，我有點着急，乾脆點名，讓從衛國內亂中逃出來的子羔提意見。

子羔先是謙讓，但在我的懇求和老師的鼓勵下，他終於說：

子貢，我真說了，你可不要生氣啊！

當然當然，我怎麼會生氣呢！

沒想到，子羔的話竟然差點讓我跳起來——

> 我覺得你最大的缺點，可能是並不善於講話。

什麼？我大吃一驚，看得出來，所有同學都大吃一驚。

眾所周知，在老師的學生中，我是公認口才最好的人之一！他說別的我都可以接受，但說我不善於講話，不僅我不認賬，大家也不服氣啊。

看我一副按捺不住的樣子，子羔還是微笑着說：

> 你別急，我知道你口才好，但口才好並不見得會講話。

這下我又有點懵了，口才好卻不見得會講話，這是什麼歪理？

「子貢，你的性格很好，看見別人的好處，你會到處宣傳。」

我點點頭，心想這還用你說。

「但是，你也有個致命的缺點，看見別人的不足，你也到處去講。」

「沒錯，我的個性就是這樣，但這為何是致命的缺點呢？」

「當然是致命的缺點。你宣傳別人的好處，別人會很高興，但是，你到處講別人的不足，別人會討厭你，甚至會恨你。」

「有那麼嚴重嗎？你是不是講得過分了？」

我半信半疑，這時卻發現子夏在頻頻點頭。

子夏在年輕的同學中非常活躍。剛到老師門下時，他和我分外親

近，甚至曾經由衷地對我說過：「您就像高山一樣，是我學習的榜樣。」

但不知道為什麼，最近一段日子，他和別的同學愈來愈親近，和我卻愈來愈疏遠，甚至遠遠見到我就躲開，除非有特別的情況，他能不和我講話就不講。這與他剛見我時真是判若兩人。

於是我問他：

子夏，我看見剛剛子羔說話時你頻頻點頭，顯然是贊成子羔的看法。你能不能告訴我，是不是我哪句話說得不好，讓你記恨了？

子夏連忙說沒有，但看得出他言不由衷。於是在我再三懇求之下，他滿臉通紅地小聲說：

你說我小氣。

我說過這樣的話嗎？怎麼沒有一點印象？

「那天，大家想去泰山玩，有個同學錢不夠，看見我有些錢，就向我借。因為這些錢是父親託我買草藥的，家裏等着用，我準備買好後託人帶回家，所以沒有借錢給那個同學。你知道後，就借了錢給他，還說我小氣。」

天哪，就這麼一句無心話，就讓子夏從此和我疏遠了。因為我不缺

錢，所以借錢給人很容易，卻沒想到同學有錢卻不借給別人，有時是有苦衷的。

「這句話對你來說可能是無心的，但你沒想到這句話的殺傷力。因為你是老師最得意的弟子之一，你隨便講句話，年輕的同學會怎麼想呢？這件事，令我好久都沒法在同學中抬起頭來。」

看着子夏滿臉通紅，我覺得很內疚。這時子羔又做了一句點評：

得友四五年，失友一句話。我們能說口才好，就是會講話嗎？

這句話猶如當頭棒喝。我突然想起一件往事。

在衛國，我曾經有個最好的朋友。我們一起長大，無話不談，還經常一起學習做生意。有一天，我們正為籌劃一筆買賣而談得興高采烈時，他突然對我說：「你長得好黑啊，就像一個南方的蠻子一樣！」

二十歲前，我的皮膚確實有點黑，那時我處於最重視形象的年紀，皮膚黑也是我最不願意面對的，沒想到卻被朋友說出來了。當時我又羞又惱，於是草草結束了和他的談話，從此不再和他做生意，友情也慢慢淡了。

子羔的話，讓我驚出了一身冷汗。而無意中得罪子夏的經歷，和朋友無意中得罪我的經歷，讓我更加明白隨便說話多麼可怕。

我趕緊向子夏道歉，並問他我以後怎麼改進。

子夏懇切地說：

子貢師兄，我們都知道你是老師最優秀的學生。你聰明，口才也好。但我希望你以後待別人厚道一點。這種厚道，也體現在管好自己的嘴巴。

「管好自己的嘴巴」——這是我從來沒有聽過的觀點。以前，如果誰說我一點不是，我會很生氣。但此刻聽老師講了老子的故事，再仔細思考子羔和子夏的話，我不僅沒有生氣，反而很感激他們。

對於我的表現，老師很高興，說：「看到子貢有這樣的進步，想必大家都得到很好的啟示。」

接着，老師又送了幾句話給大家：

德行寬容而守之以恭者榮，
土地廣大而守之以儉者安，
位尊祿重而守之以卑者貴，
人眾兵強而守之以畏者勝，
聰明睿智而守之以愚者哲，
博聞強記而守之以淺者不溢，
此六者皆謙德也。

老師講的這六個要項，使我們對謙虛的價值和應用有了更多的理解。

最後，老師又送了大家兩句話：

情深者不壽，強極者得辱。
謙謙君子，溫潤如玉。

「謙謙君子，溫潤如玉。」——精闢的總結啊！

我不得不承認，這是我平生學到的最重要的課程之一。

之後，我不僅經常向別人請教，讓別人指出我更多的缺點和錯誤，而且特別重視「隱惡揚善」，並逐步改正管不住自己嘴巴的毛病。

不僅如此，即使別人真犯錯了，並有明顯的缺點，而不得不向別人指出，我也探索出一套更好的處理方式——「揚善於公堂，歸過於私室。」

事實證明，這是非常好的方式。在大庭廣眾下表揚別人的好處，更能增強別人的成就感和自信心，並增加別人對你的好感。

對別人的缺點和錯誤，則盡可能在只有對方和自己在一起時指出。

樹活一張皮，人活一張臉，這樣做，既保住了別人的面子，別人會很感謝你，也會覺得你是出於關心，對方改正錯誤和缺點也會更容易。

後來，我不僅將這種做法用到與朋友、同學交往上，也用在我做生意和管理團隊上。我發現這種做法十分有效，我受到更多人的尊重和喜愛，並因此在人生中不斷取得更大的成就。而這總是令我想起那堂最難忘的謙卦課。

我想，假如我不勇於低頭向同學請教，我會有這樣的進步嗎？

絕對不會。因為，我向來以口才好而自豪，我可能永遠想像不到：

口才好未必會講話。

　　我可能更想像不到：伶牙俐齒可能恰恰是溝通的最大障礙。

　　那些指出我們缺點、幫助我們成長的人，就是我們生命中的貴人！

　　而要得到這些貴人的指點，我們唯一需要做的事，就是願意低下驕傲的頭，謙虛地向別人請教、學習！

1. 孔子讀《易經》的故事，見於《史記·孔子世家》。2. 孔子評價子夏與子貢的故事，見於《孔子家語·六本第十五》。3. 孔子向老子問禮的故事，見於《史記·老子韓非列傳》。4. 陽子向老子請教的故事，見於《莊子·雜篇·寓言第二十七》。

孔子智慧錦囊

　　自己的缺點，自己可能最難看到。

　　說口才第一的子貢不會講話，不僅出乎子貢意料，可能也在很多人的意料之外。

　　但不管是在兩千年以前，還是在今時今日，同樣的現象都存在。人往往都有認識上的盲點，猶如一葉障目，尤其是難以發現自己的缺點。而且，最值得警惕的是：我們向來引以為傲的優點，可能掩藏着自己最大的缺點。

　　一個人有優秀之處並沒有錯，只是我們對優秀的自我崇拜導致我們無法變得更為卓越，所以才成了卓越的大敵！

　　孔子在評點《易經》的卦象時，給了「謙卦」最高的評價——六十四卦中唯一的「六爻都吉」，這其實告訴我們，在所有的美德中，也許最重要的是謙德。

　　我們要學習子貢勇於放下架子，誠懇地請人提出意見，別人才能向自己提出有用的意見。

　　不要害怕放小自己。把自己放小，世界就變大了！

　　不要害怕「倒空」自己。學會時刻「倒空」，才能自我提升，時刻超越！

手造備忘錄

1. 我有一個特點，它既是優點也是缺點：＿＿＿＿＿＿
＿＿＿＿＿＿＿的時候，它是優點；
＿＿＿＿＿＿＿的時候，它是缺點。

2. 我曾經說過一句無心話而傷害到他人：

＿＿＿＿＿＿＿＿＿＿＿＿＿＿＿＿＿＿＿＿

後悔嗎？□是　□否
如果可以重來，我會這樣說：

＿＿＿＿＿＿＿＿＿＿＿＿＿＿＿＿＿＿＿＿

子曰：「加我數年，五十以學易，可以無大過矣。」

（《論語‧述而第七》）

子曰：「過而不改，是謂過矣。」

（《論語‧衛靈公第十五》）

杏壇學生守則三

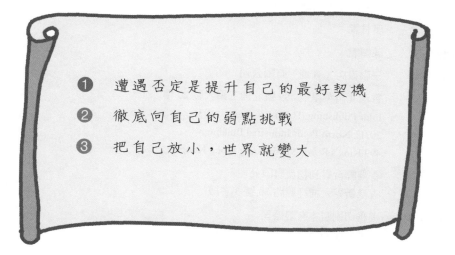

1. 遭遇否定是提升自己的最好契機
2. 徹底向自己的弱點挑戰
3. 把自己放小，世界就變大

責任編輯　　劉汝沁

書籍設計　　陳嬋君

書　　名　　親愛的孔子老師 2．遊學吧：爭氣秘笈

著　　者　　吳甘霖

插　　畫　　陳嬋君

出　　版　　三聯書店（香港）有限公司

　　　　　　香港北角英皇道 499 號北角工業大廈 20 樓

　　　　　　Joint Publishing (H.K.) Co., Ltd.

　　　　　　20/F., North Point Industrial Building,

　　　　　　499 King's Road, North Point, Hong Kong

香港發行　　香港聯合書刊物流有限公司

　　　　　　香港新界大埔汀麗路 36 號 3 字樓

印　　刷　　美雅印刷製本有限公司

　　　　　　香港九龍觀塘榮業街 6 號 4 樓 A 室

版　　次　　2017 年 6 月香港第一版第一次印刷

　　　　　　2020 年 7 月香港第一版第二次印刷

規　　格　　16 開（170×230mm）160 面

國際書號　　ISBN 978-962-04-4099-1

　　　　　　© 2017 Joint Publishing (H.K.) Co., Ltd.

　　　　　　Published & Print in Hong Kong